中国实学研究会主办

# 中国实学

## 2023年
## 第 一 辑
### （总第二辑）

◎ 主　编　王　杰

◎ 执行主编　牛冠恒

中国社会科学出版社

**图书在版编目(CIP)数据**

中国实学. 2023 年. 第一辑：总第二辑 / 王杰主编. — 北京：中国社
会科学出版社，2023.10
ISBN 978 - 7 - 5227 - 2665 - 6

Ⅰ.①中… Ⅱ.①王… Ⅲ.①实学—文集 Ⅳ.①B2 - 53

中国国家版本馆 CIP 数据核字(2023)第 193742 号

| | | |
|---|---|---|
| 出 版 人 | 赵剑英 |
| 责任编辑 | 郝玉明 |
| 责任校对 | 张 婉 |
| 责任印制 | 王 超 |

出　　版　中国社会科学出版社
社　　址　北京鼓楼西大街甲 158 号
邮　　编　100720
网　　址　http://www.csspw.cn
发 行 部　010 - 84083685
门 市 部　010 - 84029450
经　　销　新华书店及其他书店

印　　刷　北京君升印刷有限公司
装　　订　廊坊市广阳区广增装订厂
版　　次　2023 年 10 月第 1 版
印　　次　2023 年 10 月第 1 次印刷

开　　本　710×1000　1/16
印　　张　12
字　　数　202 千字
定　　价　66.00 元

**图片说明：**国能准能集团党员教育实践基地2022年5月建成投用，基地以"绿色准能、红色使命"为主题，以"传承红色基因、激发红色动能"为宗旨，是集红色教育、党性锻炼、爱国主义教育、实践培训为一体的党性教育和爱国主义教育主阵地，被评为鄂尔多斯市爱国主义教育基地和国防教育基地、全国煤炭行业红色教育示范基地、煤炭行业科普教育基地，投用至今累计接待游客12万余人次。　包文学／摄

**图片说明：**国能准能集团坚定走"生态优先、绿色发展"之路，因地制宜、科学规划，不断实现生态建设新的突破，生态修复示范区截至目前已投入27.85亿元，完成复垦绿化土地9.8万亩，被世界经济论坛推荐为"自然受益型"矿业开发案例，为黄河流域生态环境高质量保护提供了低成本、易推广的典型案例。　崔　龙／摄

# 《中国实学》编委会

# 目录

总第二辑
2023 年 10 月出版

# 国际儒学联合会致中国实学
# 研究会成立 30 周年寄语

中国实学研究会：

　　值此中国实学研究会成立 30 周年之际，国际儒学联合会特向贵会致以热烈的祝贺！

　　实学是儒家思想发展的阶段性理论形态，是中华优秀传统文化的重要组成部分。中国实学研究会自成立以来，汇聚了一批海内外一流专家学者，持续推动实学研究蓬勃发展，学术成果不断涌现，在东亚思想界引起了积极反响，两年一届的东亚实学国际学术研讨会也已成为具有国际影响力的儒学与中华优秀传统文化研究的学术交流品牌。

　　中国实学研究会是国际儒学联合会的重要合作组织，两会长期以来关系密切，交流频繁，共同为推动中华优秀传统文化创造性转化、创新性发展，作出了很多成绩。期待双方继续携手，进一步搭好文化传承与文明互鉴的平台，进一步拉紧国际人文交流的纽带，共同在弘扬全人类共同价值方面作出有益探索，为人类文明新形态实践提供有力的理论支撑，为促进不同国家民心相通、不同文明互学互鉴奠定基石，为构建人类命运共同体、促进世界和平与繁荣贡献力量。

　　祝中国实学研究会蒸蒸日上！期待双方书写合作新篇章！

国际儒学联合会

2022 年 9 月 21 日

# 中华炎黄文化研究会致中国实学研究会成立 30 周年的贺信

中国实学研究会：

值此贵会成立 30 周年之际，中华炎黄文化研究会特向贵会致以热烈的祝贺！并向王杰会长及全体理事、会员致以诚挚的问候和良好的祝愿！

"求木之长者，必固其根本；欲流之远者，必浚其泉源。"中华优秀传统文化是中华民族的精神命脉，是涵养社会主义核心价值观的重要源泉，也是我们在世界文化激荡中站稳脚跟的坚实根基。实学是中华优秀传统文化的重要部分，研究实学、应用实学，是我们文化自信的表现。30 年来，贵会先后在葛荣晋教授、张践教授、王杰教授担任会长的带领下，群策群力、躬行践履，奋发有为、善于创新，发挥着实学研究与传播的主阵地、主力军作用，在学术活动和经典论著方面的成绩可圈可点。

博大精深的中华文明是中华民族独特的精神标识，是当代中国文艺的根基，也是文艺创作的宝藏。中国文化历来推崇"收百世之阙文，采千载之遗韵"。中华优秀传统文化是中华文明的智慧结晶和精华所在，是中华民族的根和魂。30 年来，贵我两会合作密切，交流频繁，曾多次联合举办学术研讨会。我会前任会长许嘉璐先生曾多次参与贵会组织的学术活动，贵会历任会长也对我会的工作给予了大力支持。

2021 年 7 月 9 日，中华炎黄文化研究会第六届会员大会在北京召开，中国共产党第十九届中央委员会委员，十三届全国政协文化文史和学习委员会副主任，中华全国总工会原党组书记、书记处第一书记李玉赋当选为第六届理事会会长。李玉赋会长衷心希望贵我两会，今后继续携手共进，坚守中华文化立场、传承中华文化基因，同力协契、踔厉奋发，推动中华优秀传统文化创造性转化、创新性发展，以时代精神激活中华优秀传统文化的生命力，把坚持马克思主义同弘扬中华优秀传统文化有机结合起来，坚定不移走中国特色社会主义道路。

远航开启新蓝图，风好正是扬帆时。祝愿中国实学研究会再接再厉，续创佳绩！中华炎黄文化研究会愿与贵会共同进步，为弘扬中华优秀传统文化作出更大的贡献！以优异成绩迎接党的二十大胜利召开！

中华炎黄文化研究会

2022 年 8 月 18 日

# 华夏文化促进会致中国实学研究会
# 成立 30 周年的贺信

中国实学研究会：

三十而立！值此中国实学研究会成立 30 周年之际，华夏文化促进会特向贵会致以热烈祝贺！

实学是一种以实体达用为宗旨、以经世致用为主要内容的潮流和学说，体现了儒学的经世理念和价值追求，既是中华优秀传统文化的重要组成部分，也是中华民族的重要思想方式和处世原则，更是中国古代思想向近代思想转化的中介和桥梁。

近年来，中国实学研究会在继承古典实学传统的基础上，在思想界、文化界引起了积极的反响。

华夏文化促进会于 1990 年经民政部核准成立，并由时任全国政协副主席赵朴初先生题写会名及担任主要领导，贵我两会在同一时代相继成立，致力于包括以实学文化在内的华夏文化的交流与传播。

30 年来，贵我两会合作密切，交流频繁。衷心希望贵我两会，今后继续坚守中华文化立场、传承中华文化基因，贯彻"百花齐放、百家争鸣"的方针，坚持把马克思主义基本原理同中国具体实际相结合、同中华优秀传统文化相结合，坚定文化自信，坚持创造性转化、创新性发展，团结、组织海内外热心实学及中华优秀传统文化的专家学者，对促进海内外学术交流，促进东西方文明互学互鉴，不断增强实学及中华优秀传统文化的生命力和影响力，为振兴民族精神，实现中华文化复兴贡献更多的智慧和力量，并为推动构建人类命运共同体、促进人类文明进步贡献更多的智慧和力量。

华夏文化促进会

2022 年 8 月 18 日

# 韩国实学学会会长致中国实学研究会成立 30 周年的贺信

真诚地祝贺中国实学研究会成立 30 周年暨葛荣晋教授从教 65 周年学术研讨会盛大举办。葛荣晋教授身为中国实学研究中最具代表性的学者，曾与陈鼓应教授、辛冠洁教授共同主编《明清实学思潮史》3 册、《中国实学思想史》3 册，为当代中国实学研究竖立里程碑，于韩国学界也声名远播。

葛荣晋教授曾在 2002 年首都师范大学出版社出版的《韩国实学思想史》里，于东亚实学的观点中，将代表传统时代韩国的思想家之实学思想以"懋实""实事求是""经世致用""力行务实""下学""体明用适""利用厚生"等关键字一同阐述其研究，此于韩国实学研究也深具贡献。

此外，葛荣晋教授以韩国栗谷思想研究院的特约研究员身份活跃于学界，担任中国实学研究会会长时，与韩国实学学会与日本实学研究会共同举办"东亚实学国际学术研讨会"，除揭示东亚实学研究的新篇章外，更致力于东亚实学研究的发展与三国实学领域研究成果共有，于进一步强化韩、中、日三国学者间的学问联系方面具有卓越贡献。

今年不仅是中国实学研究会成立 30 周年，也是韩国与中国建交 30 周年，因此更别具意义。再次恭贺中国实学研究成立 30 周年暨葛荣晋教授从教 65 周年学术研讨会盛大举办，祝愿韩国实学学会与中国实学研究会的友谊长存。

韩国实学学会会长　尹在敏

2022 年 8 月 30 日

# 日本东亚实学研究会会长致中国实学研究会成立 30 周年的贺信

值此中国实学研究会成立 30 周年暨葛荣晋教授从教 65 周年之际，我很荣幸能作为日本东亚实学研究会代表，向本次纪念学会发来贺信。

正如葛荣晋教授的大作《中国实学文化导论》第二十二章"中国实学研究及其前瞻"所述，1992 年，在山东大学的全力支持下，于山东省济南市召开了第二届东亚国际儒学大会，在本次会议之中，中国实学研究会得以正式成立。会议中，中、日、韩以及台湾、香港地区的诸位学者，围绕着中国实学和中、日、韩三国实学异同以及实学的现代性转换等诸多问题，展开了热烈的讨论。

当时我还是一名硕士研究生，且尚未着手进行实学研究，但此次会议上，以往几乎没有正式学术交流的中、日、韩三国之间，以实学为主题展开的热烈讨论，直至今日，仍让我记忆犹新。

中、日、韩三国实学研究交流的直接契机，源于 1987 年的夏天，与日本东亚实学研究会创立大有渊源的源了圆教授，在葛荣晋教授的邀请下，在北京日本学研究中心进行了以"日本实学思想的展开"为题的专题讲座，并在讲座后展开了中、日两国学者座谈会。

在此次座谈会中，以葛荣晋教授为代表的中国学者，向源了圆教授提出了三项提案：一是创办横跨中、日、韩三国的实学研究会；二是在日本召开国际实学学会；三是中、日两国携手编写实学研究论文集，翻译对方论文，于两国各自出版。三项提案中，源了圆教授接受了最易实现的第三项，其成果便是葛荣晋教授主编的《中日实学史研究》与源了圆教授、末中哲夫教授共同主编的《日中实学史研究》。

　　同时，葛荣晋教授的第一项提案，实现于 1990 年在韩国首尔市举办的第一届东亚实学国际学术研讨会，第二项提案，也在 1994 年日本举办的第三届东亚实学国际学术研讨会上得以实现。仅从以上事件中，也可看出葛荣晋教授对中国实学研究会的创办，以及中、日、韩三国实学研究交流作出了卓越的贡献。

　　从第一届东亚实学国际学术研讨会以来，东亚实学国际学术研讨会依次在各国顺利召开。2019 年第 15 届国际会议在日本东北大学召开。2022 年秋季，预计在韩国全罗北道扶安郡召开第 16 届国际会议。

　　当下，中国实学研究会成立已 30 周年，进入 21 世纪以来，也度过了近四分之一个世纪。我们回顾葛荣晋教授与源了圆教授的初心，则可发现 1992 年第二届东亚实学国际学术研讨会中所提出的中、日、韩实学异同以及实学的现代性转换等问题，已成为重要的议题。此外，葛荣晋教授在 2003 年出版的著作《中国实学文化导论》第二十二章第四节 "21 世纪实学研究的总体构想" 中也提出，我们应当不仅着眼于本国的实学研究，更需要对他国的实学文化展开深入研究，并在此基础上展开真正的讨论与对话，促使实学发展成一门具有重要社会影响的国际性学问，并面对物质至上主义、生态环境问题等诸多现实课题，构建起当代的 "新实学"。

　　这些课题正是今日我们应当去承担的，国际化、多样化、现代化等课题，之所以能在实学诞生之初便被提出，完全有赖于葛荣晋教授卓越的洞察力，葛荣晋教授在《中国实学文化导论》中曾这样说道："中国实学从它产生之日起，就不是一个封闭性的思想体系，而是一门开放的国际性学问。历史证明，它不但善于及时地吸收一切外来文化的思想精华，以补充、修正与发展自己，而且又善于将中国实学成果奉献给世界各国，以推动人类文明的共同发展。"

　　葛荣晋教授在其《中国实学文化导论》中还指出：从清代实学思潮的演变过程，我们发现一个仿佛带有规律性的现象：每当社会处于 "治世"（如 "乾嘉盛世"）时，由于社会生活比较稳定，各种矛盾相对缓和，封建文化专制相当严密、有力，实学思潮往往作为一种 "潜能"，埋藏在 "纯学术" 的外壳内（如考据学），隐而不彰，处于低潮时期；而一旦社会呈现 "乱世"（如清初和道、咸年间）之象，即社会危机四伏，士大夫的忧患意识便会觉醒，其学术也在现实生活的冲击下，沿着 "修实政""施实德" 的方向发展，把实学思潮推向高潮。实学思潮的演变过程与历史发展过程是一致的。

葛教授的这些洞见，不正是我们应当重视、分享的吗？借此机会，我衷心地希望葛荣晋教授、源了圆教授的初心，以及上文所记诸多卓见，能被中、日、韩三国共同继承，从而进一步促进今后的实学研究发展。

日本东亚实学研究会会长　片冈龙

2022 年 8 月 10 日

（杨世帆　翻译）

# 致中国实学研究会成立 30 周年的贺信

中国实学研究会：

在中华文化伟大复兴的春天里，中国实学研究会举办成立 30 周年庆典，我谨表示热烈的祝贺和诚挚的祝福！

中国实学研究会成立 30 年来，团结广大会员和理事以推动中华文化伟大复兴、促进东亚经济和社会发展为宗旨，研究梳理和弘扬传播实事求是、经世致用、知行合一、躬行实践的实学思想，把中华优秀文化中的"实"的蕴涵、"实"的精神、"实"的传统挖掘出来、传播开去，让我们的社会更加崇尚实干、实学、实修，发挥了很好的引领作用。

中国实学研究会与日本、韩国的实学研究会轮流主办东亚实学峰会，开展了系列的实学思想家故里行活动，组织了丰富多彩的传播中华优秀传统文化的活动，特别是王杰会长深入机关、城乡、企业推动领导干部学国学，宣讲社会主义核心价值观，受到了社会各界广泛的好评。2021 年 12 月，中国实学研究会被民政部评为 3A 级全国性社会组织，对中国实学研究会 30 年来取得的一系列成绩，我感到由衷的欣慰并予以充分的肯定。

习近平总书记高度重视中华优秀传统文化在中国特色社会主义现代化强国建设中的作用，他多次强调，中华优秀传统文化是中华民族的精神命脉，是涵养社会主义核心价值观的重要源泉，也是我们在世界文化激荡中站稳脚跟的坚实根基。中国实学研究会作为在中国、东亚有影响力的学术团体和社会组织，要以舍我其谁的精神，积极组织专家学者和会员理事，围绕我国发展的现实和构建人类命运共同体的重大问题，表达中国立场，展现中国智慧，提出中国的价值理念、主张、方案，让世界知道"学术中的中国""理论中的中国""哲学社会科学中的中国""为人类文明作贡献的中国"，不断增强国人的文化自觉和文化自信，为实现中华民族伟大复兴作出应有的贡献！

在此，预祝中国实学研究会成立 30 周年纪念活动取得圆满成功，祝福中国实学研究会再接再厉、越办越好！

中国社会科学院原院长　王伟光

2022 年 8 月 18 日

# 致中国实学研究会成立 30 周年的贺信

中国实学研究会：

　　子曰"三十而立"，值此中国实学研究会成立 30 周年之际，我谨表示热烈的祝贺和真诚的祝福！

　　30 年来，正值弘扬中华优秀传统文化和大力创新性发展、创造性转换的时代，中国实学研究会以马克思主义为指导，坚守历史唯物主义精神，致力于梳理中国历史文化道统，挖掘经世致用、黜虚崇实的中国传统哲学思想，特别是总结了明清以降的实学思想发展的脉络，与日本、韩国等东亚实学研究相对接，为东亚儒学文化共同体的构建作出了有益的探索和积极的贡献。

　　特别是最近几年，在王杰会长的引领下，中国实学研究会团结广大会员和理事，突出体现"实"的特色，丰富"实"的内涵，到火热的社会实践中，组织了许多有益的学术研究和传播活动，服务于中国特色社会主义新时代。近些年来，我也有幸参与了中国实学研究会组织的一些活动，为强化中华民族共同体意识鼓与呼，为传播中华优秀传统文化鼓与呼，为中国实学研究会的工作鼓与呼。

　　中国实学发源于华夏文明的孕育期，"仓廪实而知礼节，衣食足而知荣辱"。中国实学文化成长于中国传统哲学发展的历史长河。从孔孟济世、老庄养生到理学经世、心学致用，从道家、儒家到佛家及诸宗教，中华传统文化都滋养着"实"的学问。中国实学思想成熟于实干兴邦、实事求是、求真务实、经世致用的治国理政实践之中。

　　近代特别是当代实学思想，是在以儒家学说为精华的中华优秀传统文化的基础上应对西学东渐局面产生的新思想，是与中国的一系列科学理论成果相兼相融的结晶体。习近平总书记明确提出"把马克思主义基本原理同中国具体实际相结合、同中华优秀传统文化相结合"，为今后的中国实学研究、中华优秀传统文化的传播和传统文化的"双创"提供了根本遵循，为进一步做好中国实学研究会的工作、永葆实学的青春指明了方向。

展望未来，我相信在王杰会长和各位同仁的共同努力下，中国实学研究会一定能够在实学研究前辈开拓创新的基础上更上一层楼。实学研究与传播，一定要准确把握中国的文化道统而不迷失方向，准确汲取中国传统文化的精髓而不误入歧途。实学研究与传播，要勇于发现问题，勇于革故鼎新，勇于理论创造。

我真诚地希望和祝福中国实学研究会，在建构当代"新实学"体系、打造当代"新实学"流派的征程中，在学术研究、阵地建设、传播运用、国际交往、创新创造、自身建设等方面的发展中，能够成为优秀的学术研究阵地、经济文化智库、协作交流平台和社会学术团体，为中华民族大团结和构建人类命运共同体出思想、出智慧，为实现中华民族和中华文化的伟大复兴作贡献！

十三届全国政协文史和学习委员会副主任　叶小文

2022 年 8 月 18 日

# 在中国实学研究会成立 30 周年
# 庆典上的致辞

尊敬的王杰会长、各位领导、各位同仁：

    值此贵会成立 30 周年之际，我谨代表尼山世界儒学中心、中国孔子基金会向贵会致以最热烈的祝贺！并向王杰会长及全体理事、会员致以亲切的问候和良好的祝愿！

    卅年非凡历程，卅年春华秋实。作为长期致力于实学思想、儒学思想研究阐发的全国性社团组织，贵会先后在葛荣晋教授、张践教授、王杰教授三任会长的带领下，群策群力，与时偕行，策划举办了许多有影响力的学术活动，也出版发行了系列蜚声四海的经典论著，佳绩可圈可点。

    改革开放以来，东亚实学研究蓬勃开展，特别是贵会成立后，中国孔子基金会一直与贵会保持着紧密互动与良好合作，我们在 2013 年共同发起的"全国儒学社团联席会议"，经过近十年发展，已成为在全国具有重要学术影响力的儒学交流平台和工作机制，得到广大儒学研究者、传播者的欢迎和好评。

    2019 年 8 月，山东省委省政府与教育部共同设立尼山世界儒学中心，致力于打造世界儒学研究高地、儒学人才集聚和培养高地、儒学普及推广高地、儒学国际交流传播高地。近年来，尼山世界儒学中心与中国实学研究会合作密切、交流频繁，贵会以王杰会长为代表的多名理事也是我中心理事会的理事，同时还在尼山世界儒学中心联合研究生院担任博士生导师，精心培养儒学专项研究生，倾心着力，惠我良多。

    衷心希望尼山世界儒学中心、中国孔子基金会与中国实学研究会继续携手同行，坚守中华文化立场、传承中华文化基因，为践行"两个结合"，推动

"两创"，再创佳绩，再立新功！

尼山世界儒学中心（中国孔子基金会秘书处）　国承彦

2022 年 9 月 24 日

# 在中国实学研究会成立 30 周年庆典
# 开幕式上的发言

各位领导、各位老师、各位中国实学研究会的朋友们：

欣闻我部教授王杰同志担任会长的中国实学研究会举办 30 周年庆典，我在躬逢盛会的同时，也对王杰教授和中国实学研究会的朋友们表示由衷的祝贺！衷心祝贺中国实学研究会成立 30 年来对实事求是、经世致用学术宗旨的倡导、实践和坚持！衷心祝贺王杰教授和中国实学研究会在研究与传播中华优秀传统文化上取得的坚实成绩！

中华实学及其所推举的求真务实精神，既是中华优秀传统文化的重要组成部分，也是中华文脉得以坚实延续的重要支撑。数千年来，从华夏文明的孕育，到诸子百家的争鸣，中国哲学和中华人文思想形成了鲜明的道统传承和以儒道释为主要内容的中华传统文化体系，展现了卓然自立的从实开新、从实求理的文化自信姿态。自明清以来，面对西方殖民主义和资本主义的兴起，面对西学东渐和坚船利炮的入侵，中国传统哲学特别是儒学思想开始去虚崇实，开显出东亚"实学"，更加注重经世致用，为中国人接受并涵化西方科学与思想文化提供了重要的载体和渠道，为中国乃至东亚学术和思想的近代化、现代化作出了重要贡献。

尤其是随着马克思主义传入中国，推动并实现马克思主义中国化、时代化、大众化不仅成为全新而刚健的时代精神，也为中国传统文化更加自觉地彰显"实学化"追求注入了根本动力。正是在这一过程中，我们党创造性地把"实事求是"确立为党的思想路线，把"两个结合"确立为认识世界和改造世界的根本指导原则，同时也为中华优秀传统文化的实学取向赋予了新的时代内涵。旧邦新命的历史境遇和民族复兴的历史奋起，极大地激活了中华优秀传统文化的实学精华，让经世致用、废虚崇实、实干兴邦、知行合一、尊崇自然、和谐共生、协和万邦、世界大同这一系列饱经沧桑而千古不磨的中华理念和中国精神，成为中华民族实现从站起来、富起来到强起来的伟大历史进步的重要思想资源与人文精神支撑。

随着中国特色社会主义进入新时代，习近平总书记明确指出，实现中华民族伟大复兴，必须建设具有高度主体性、原创性的中国特色哲学社会科学体系，必须建构中国自主的哲学社会科学知识体系，这不仅为当代中国学术和中国文化的大发展指明了前进方向，也为中华实学思想实现创造性转化和创新性发展注入了强大动力。以习近平总书记的重要论述为指导，以中华优秀传统文化的深厚底蕴和丰富资源为依凭，中国实学研究会的学术发展和实学活动的开展，在拥有了能够走向更加广阔天地的文化自信的同时，也必将承担更加凸显文化自觉的使命担当。

可以看到，30年前成立的中国实学研究会，不但致力于国家发展的需要，与时代同频共振，还能够与日本、韩国的学术同仁一道，共同研究近现代儒学实学化的历程，服务东亚儒学圈的现代化建设，推动实事求是、求真务实的实学思想深入人心，成绩可喜可贺！

我们希望，30年后迎来新的发展契机的中国实学研究会，能够更好地面向未来、面向世界、面向当代中国的现代化强国建设实际，更加自觉地服务人民群众的美好生活向往，服务治国理政实践，服务构建人类命运共同体的历史趋势与时代重任，从而展现融文化自信与文明对话于一体的中国气度、中国气质、中国气派。

中共中央党校素有推崇和实践从事求知、从实求新的思想传统和学术精神，我们的校训就是实事求是。中共中央党校的教师既承担着学习、研究和传播习近平新时代中国特色社会主义思想的重要使命，也承担着推动中华优秀传统文化实现创造性转化和创新性发展的民族责任。

为此衷心祝愿王杰教授以及他所在的中国实学研究会全体同志，能够在中国特色哲学社会科学迎来大有作为、大有发展的新时代，坚持以习近平新时代中国特色社会主义思想为指导，更好地在贯彻落实习近平总书记"两个结合"思想的过程中传承好中国智慧、传播好中国声音、传递好中国道理！

衷心祝愿中国实学研究会充分发挥民间社团的优势，与时为新、奋发有为，积极开展生动活泼的学术研究和传播活动，努力推动中国实学开新枝、结硕果，在助推当代中国的文化强国建设和现代化强国建设中再创新绩！

　　谢谢大家。

　　　　中共中央党校（国家行政学院）哲学教研部主任、教授　冯鹏志

　　　　　　　　　　　　　　　　2022 年 9 月 24 日

# 新实学　新实践　新起点

## ——在 2022 年中国实学大会暨中国实学研究会
## 成立 30 周年庆典活动上的开幕词

### 王　杰

尊敬的各位嘉宾、朋友们、同志们：

2022 年中国实学大会暨中国实学研究会成立 30 周年庆典活动现在开幕了。

这次大会和纪念 30 周年系列活动的主题是：新实学 新实践 新起点。

这次大会和纪念 30 周年系列活动的任务是：进一步动员、激励、鼓舞中国实学研究会的理事和会员，与社会各界一道投身复兴中华文化的伟大洪流之中，深挖中华优秀传统文化的宝藏，总结和研究中国实学文化的历史传统，开辟和探索中国新实学的新境界、新理论、新体系，站在中华民族伟大复兴新时代的起点上，为繁荣实学学术研究，探索马克思主义基本原理同中华优秀传统文化相结合，创造性转化和创新性发展中国传统实学，为新时代服务，展开新实践、作出新贡献！

30 年前，葛荣晋先生与诸位学术前辈一道，发起创立了中国实学研究会，为中国传统实学与东亚实学研究的联系搭建了一个新的平台，为中国广大实学研究同仁和实学研究新一辈建设了一个新的阵地，为中国古代实学思想与马克思主义基本原理相结合寻找到了若干个新的对接点。葛荣晋先生曾经指出，在哲学文化上，要使中国古代实学由"旧实学"转化为"新实学"，马克思主义哲学就必须与中国哲学的民族形式相结合，"实事求是""实践论""明经致用"和"史学经世"，既是中国传统实学的重要组成部分，也是马克思主义与中国古代实学传统最为密切的四个对接点，还是中国古代实学走向现代化的生长点。葛先生的这一论断，具有非常鲜明的科学性与预见性。这不但是中国实学研究会30年艰辛探索的缩影，也是中国实学研究会30年来学术成就值得骄傲的荣光。

30年来，中国实学研究会在葛荣晋教授、张践教授等历任会长的指导和带领下，成功举办了东亚实学高峰论坛、中国实学大会等多场重要活动，把中华优秀传统文化中以"实事求是、经世致用、知行合一、躬行实践"为核心理念的实学学问传播开去，并坚持"新时代 新实学"的原则，把实学理念运用到社会生活实践的方方面面，为构建当代"新实学"奠定了良好的基础。在此，我提议向葛荣晋先生等学术前辈和为中国实学研究会作出贡献的历任领导和同事表达崇高的敬意！

近些年来，中国实学研究会创造性地开展了一系列工作，在新的学术研究实践中，与火热的社会实践和新时代现实需求相结合，走进实学历史名人故里开展"实学思想家故里行"活动，走进神东、准能等企业开展实学文化培训和传播活动，走进地方政府和基层群众之中弘扬和传播中华优秀传统文化，扩大了中国实学研究会的社会影响力，塑造了中国实学研究会的新形象和品牌力。总而言之，近些年来，中国实学研究会在学术研究、阵地建设、传播运用、国际交往、创新创造、自身建设等方面都有了较好较快的发展，2021年12月，中国实学研究会被评为3A级全国性社会团体。在此，我谨代表中国实学研究会新一届领导班子向辛勤工作在新实学传播一线的同仁们表达深深的谢意！

三十而立，今年既是中国实学研究会发展历史中的一个重要节点，也是我们第六届理事会的开局，又恰逢党的二十大召开，为此我们隆重、节俭、安全、高效地筹办这次大会和庆典活动，今天各项活动得以顺利开展，我们向筹办此次活动的各位工作人员道一声辛苦，感谢你们的付出！

为了适应疫情防控与数字化时代要求，这次大会和庆典活动，我们以线上视频会议和实况直播相结合的形式进行组织安排。今天下午，还将举办创会会长葛荣晋教授从教65周年学术研讨会、新实学体系建构与未来发展学术研讨会两个平行分论坛以及大会闭幕式。在这次大会期间，我们还将有一系列的新闻发布：《中国实学》杂志的创刊、中国实学网新版的上线、《实学研究青年人才储备计划》的出台、《博览群书》"中国实学名著巡礼"专栏的启动、中国实学研究会与清华大学合作博士后项目、全国实干家高级进修班项目、"准能实学书院"揭牌暨"实学林"揭幕、《中华非遗大观》系列丛书的编撰等。

在这次大会之前，为了庆祝中国实学研究会成立30周年，我们已相继举办了中华文化数字化论坛、儒家治道与人类文明国际论坛第一场、夏峰北学新时代价值学术研讨会等活动；在这次大会之后，我们还将安排举办社会主义精神文明建设学术研讨会、文化数字藏品发展高层研讨会、马克思主义基本原理与中华优秀传统文化相结合学术研讨会、中国实学研究会第六届第二次会员代表大会暨第二次理事会、高质量发展文化创新论坛等活动。这些成果的发布、项目的启动、系列活动的举办与筹备，都标志着中国实学研究会已经是一个初具规模和知名度的优秀学术社会团体，是一个能够有所作为和大有作为的全国性社会团体，是各位会员和理事值得自豪和值得共同维护的家园！

过往皆序章，未来尤可期。下一步，让我们站在新起点上，咬定中国实学研究会第六届理事会第一次会议确定的五年发展目标，紧紧围绕"构建新时代新实学体系，打造新时代新实学流派"的战略定位，注重推进实学思想与中华优秀传统文化的创造性转化、创新性发展，注重推进马克思主义基本原理与中华优秀传统文化包括实学文化相结合，着力展开对实学思想与中华优秀传统文化的研究阐发，着力展开对实学思想与中华优秀传统文化的传播普及，着力展开对实学思想与中华优秀传统文化的实践应用，努力将中国实学研究会建成新时代一流学术阵地、一流文化智库、一流协作平台、一流社会团体，为中华民族伟大复兴、人类命运共同体建构、人类文明新形态创建贡献实学智慧与实学力量。

在线出席今天活动的有特邀嘉宾与中国实学研究会常务理事会、秘书处及其各部门全体成员，在线参加今天活动的还有我们的理事、会员、理事单位代表和支持我们工作的各界朋友，大家一直以来都给了我们很多帮助。我们深知过去30年，中国实学研究会取得的成绩都是大家共同努力的结果，我们今后的工作也离不开大家一如既往的支持。

同志们、朋友们，今年10月即将召开党的二十大，我们这次主办30周年庆典系列活动，就是要以实际行动，迎接党的二十大胜利召开。我们坚信在以习近平同志为核心的党中央坚强领导下，新时代新实学的春天就要到来了！让我们携起手来，躬行实践，肩负起历史赋予我们的使命，谱写新时代新实学的新篇章！

　　谢谢大家！

　　　　中共中央党校（国家行政学院）哲学教研部教授，中国实学研究会会长

　　　　　　　　　　　　　　　　　　2022 年 9 月 24 日

# 为国家建新功，为学术争发展

## ——在中国实学研究会成立 30 周年庆典暨葛荣晋教授从教 65 周年学术研讨会上的发言

### 吴　光

今天是个幸运的好日子，既是我们敬爱的葛老师从教 65 周年的庆祝会，也是他一手创办的中国实学研究会成立 30 周年庆典，在此，我谨作为一名中国人民大学的后学晚生，算得上是葛老师的半个及门弟子，同时也代表浙江省儒学学会的同仁诸君，向敬爱的葛老师和中国实学研究会的同仁诸君致以崇高的敬意和良好的祝愿！祝葛老师健康长寿！祝中国实学研究会蒸蒸日上，越办越好！

"忆往昔峥嵘岁月稠"，当年筹办中国实学研究会时，既无充足经费的支持，又面对着许多怀疑的目光和批评的言论，但是葛老师怀着坚定的信念，相信实学一词含义丰富，定能立足于世界儒林，并亲自动手爬梳资料、撰写文章、团结同志、举办会议，力排众议，争得了"实学"的合法地位，并使学术界的"实学研究"队伍日益壮大，实学研究的学术成果也"硕果累累"，后来在张践教授、王杰教授等续任会长的领导下，使实学概念日益立足于坚实的理论基础上，使实学从"明清实学"到"宋明实学"再到"中国实学"和"东亚实学"，"实学"的概念被越来越多的同仁接受，中国实学研究会在 30 年的发展道路上，也从一个人们并不太看重的一般性学会成长为一个在国内外有影响的名副其实的中国一级学会，真是实实在在的发展，一个伟大的历史进步，可喜可贺，可喜可贺！

在这个喜庆的日子里，我在庆贺的同时也寄语中国实学研究会的同仁与朋友，希望你们继往开来，推广实学，为国家建新功，为学术争发展，从理论上扩充实学的内涵，在实践中筹备、编纂一套《中国实学研究丛书》，再编著一部《中国实学大词典》，倘能如此，则中国实学研究会的功德可谓圆满了，中国实学研究会诸君的事业也能够极大地造福学术了。我谨以一个中国实学研究会的老兵翘首期盼之！

在此，补充一个实学方面的概念，不算创新，而是推陈出新，这就是王充《论衡·对作》篇提出的"实事疾妄"概念。过去讲王充，只讲"疾虚妄"，但王充自己讲的"实事疾妄"却被忽略了。我在1980年写给校庆历史论文集的文章《王充学说的根本特点——实事疾妄》中首先提出这个观点，后来此文发表在《学术月刊》1983年第6期上。王充的"实事疾妄"（实事求是、批判虚妄）与《汉书·河间献王传》中的"实事求是"有异曲同工之妙，反映了当时出现了实学思潮。王充与班固是同门师兄弟，有此共同观念并不偶然。所以我建议将"实事疾妄"一词列入实学研究的系列之中。

谢谢大家！

（吴光，浙江省社会科学院哲学所研究员，浙江省儒学学会会长）

# 实学研究的取向和学术目标

李宗桂

今年既是中国实学研究会成立 30 周年，也是葛荣晋先生从教 65 周年，值得庆贺。我作为广东儒学研究会会长，谨此代表广东儒学研究会向中国实学研究会和葛荣晋先生在学术上作出的重大贡献表达由衷的敬意，表示热烈的祝贺！

由于我的工作日程安排的限制，下午的"创会会长葛荣晋教授从教 65 周年学术研讨会"，我只能请假，但我非常乐意借此机会概略地谈谈葛荣晋先生的学术贡献。因此，我今天将这个主旨发言分为两个部分，一个部分谈葛荣晋先生的学术贡献，另一个部分谈我对于"实学研究的取向和学术目标"的看法，跟各位同道交流。

## 一 葛荣晋先生的学术贡献

### 1. 当代中国实学研究的开创者、引领者

葛荣晋先生是当代中国实学研究的开创者、引领者。早在 20 世纪 80 年代，他就跟辛冠洁、陈鼓应先生合作，开启了国内实学研究的潮流。此后，葛荣晋先生长期坚持实学研究，取得了一系列优质成果。他不仅在研究内容上拓展实学研究，而且在研究深度上着力挖掘，更在研究方法上有所突破。

特别值得崇敬的，是他格外注意实学研究队伍的培育、实学研究团队的建立、实学研究机构的组建。凭着他的慧眼卓识，依仗他的优异的组织能力

和协调能力，葛荣晋先生创建了中国实学研究会这个老中青结合，思想活跃而不越轨，专注学术而又面向社会实际的具有广泛影响力的学术团体。30 年来，中国学术界的实学研究取得了诸多为人称道的重要成果，实学研究成为一门专精的学问，是与葛荣晋先生的开创性工作、前瞻性引领密不可分的。

2. 中国哲学研究的拓展者、创新者

改革开放以后，中国哲学史领域经过方法论问题的研讨，突破了既往的陈旧范式，逐渐取得了蔚为大观的成就。很多老一辈学者在研究对象、内容、范围以及方法论方面都有创造性的贡献，葛荣晋先生是其中之一。

葛荣晋先生对于中国哲学研究的拓展和创新，其贡献和主要表征是中国实学研究、中国哲学范畴研究、中国管理哲学研究。在这三个方面或者说新的研究领域中，葛荣晋先生都有重要著作出版。其中，他的《中国哲学范畴史》一书，由黑龙江人民出版社于 1987 年 5 月出版，这是国内最早的一部研究中国哲学范畴的专著。此外，他还主编了《明清实学思想史》《中国实学思想史》，出版了个人专著《儒道智慧与当代社会》《道家文化与现代文明》。

3. 中国哲学与中国文化研究从书斋走向社会的倡导者、践行者

葛荣晋先生倡导实学，研究实学，更践行实学。他让学术研究、学术活动与当代中国的社会实际相结合，与国家的现代化进程相协调，使学术研究成为社会进步的助力。

4. 中国哲学研究新生力量的真诚培育者、扶持者

葛荣晋先生重视中国哲学研究特别是实学研究新生力量的培育，真诚地、热忱地、无私地扶持中青年学人，他对于张践、王杰等学者的扶持和培养，体现了他扶持后学、甘为人梯的胸襟。

## 二 实学研究的取向和学术目标

当代中国的实学研究自成一格，与日本、韩国的实学研究互相发明。在中国实学研究会成立 30 周年的今天，在强调学术研究要把马克思主义基本原理与中华优秀传统文化相结合的当下，实学研究如何在新的时代条件下创造

出更多更好的成果，值得研究。我觉得可以从研究的取向和学术目标两个层面来着力。

1. 实学研究的取向

一是进一步黜虚向实。一方面，我们要重视实学研究的方法论，重视概念范畴命题的梳理，以及理论体系的构建，但另一方面，我们要反对从概念到概念，反对凭空炮制体系，反对把实学研究变成新玄学。

二是进一步守成创新。我们今天的实学研究，是在继承发展既往的实学研究成果的基础上进行的。我们这次会议的主题，是"新实学　新实践　新起点"，着眼于"新"，这无疑是正确的，正所谓"日新之谓盛德"嘛。但我们要创造、要推出的新，不能脱离历史，不能走入简单否定前人成果的窠臼。

我们应当守成创新。这个成，就是正，是既往的学人取得的优秀成果。董仲舒曾说："王者有改制之名，无易道之实。"我们可把"王者"修正为"仁者""君子"。"王者"非我们所愿、所及，但仁者、君子我们可以追求。坚守正道，传承创新，把实学研究的优良学风、优秀成果发扬光大，真正做到创造性转化和创新性发展，我们就能取得新的实实在在的实学研究的新成就，开创实学研究的新局面。

三是进一步面向当代中国社会的实际。实学是经世致用之学。经世致用既是中国文化精神的内在特质，也是其重要的精神标识。在新的时代条件下，我们可以而且应当对经世致用的优秀文化传统作进一步的阐释和发扬，为此，就需要我们集思广益，汇聚众流，面向当代中国社会实际，面对世界文明潮流，作出新实学，取得新成果。

2. 实学研究的学术目标

一是厘定作为一门独立学科的实学研究的特定内涵、合理边界及其方法论原则。实学、子学、经学、玄学、佛学、理学、心学，这些概念的特定内涵和边界，以及它们之间的关系，需要在实事求是的研究后得出新的结论。实学研究，从学科归属的层面看，其概念、范畴、命题、体系、范围的研究，需要有更高层面的追求。实学发展的阶段，也需要在进一步的深入研究之后，作出新的划分。

葛荣晋先生 30 年前就提出了自己的见解，我们可以在他的基础上，作出新的概括和分析。比如，早在 1992 年在复旦大学举行的教育部"八五"人文社科规划评审会上，就有项目申请书提出实学早在汉代就有，理由是王充的气论。这当然不失为一种看法，但申请人缺乏必要的论证分析，因而没有通过评审。至今，实学的起始阶段、发展阶段、终结阶段，还缺乏颇具学理的共识，值得我们去努力。

二是从综合创新的角度，整合相关学术研究力量，从传统的中国哲学史、中国思想史、中国文化史、中国社会史等框架中找到突破点，彰显实学研究的学术特质，创造实学研究的学术标识。

三是前些年一度引发讨论的中国哲学的合法性问题，不应成为实学研究的困扰，而要成为实学研究的创新性启迪，并由此助推中国哲学研究的深化和拓展，开创实学研究新局面。

四是从学科门类的归属来看，实学研究不是传统学科范畴里单一的历史学、文学、哲学、社会学，而似乎可以说是以哲学史为中心的思想文化史研究。冯友兰先生在其《中国哲学史新编》的《自序》里解释他对于哲学家思想分析时增加了社会政治环境方面的说明，他认为这可能失于芜杂，"但如果作得比较好，这部《新编》也可能成为一部以哲学史为中心而又对于中国文化有所阐述的历史。如果真是那样，那倒是我求之不得的"。我觉得冯先生这个理解有助于我们对于实学思潮实学家的研究。

总之，我觉得当下和未来的实学研究，应当通过进一步的研究实践，确立并彰显中国实学研究的学术地位和学术价值。当然，我们不一定要谋求由国家把实学研究设置为一级学科。从本质上讲，从研究现状看，实学研究并不是一门独立的学科，而是综合性学科。

五是突出实学研究的实字。已故武汉大学教授萧萐父先生研究明清之际启蒙思潮，在其《中国哲学启蒙的坎坷道路》一文中，他提出重实际、重实证、重实践的学风，是启蒙思潮的重要特征。我觉得，重实际、重实证、重实践，亦可以看作实学思潮和实学家思想的本质特征。当今深化实学研究，要面向社会实际，从传统中国的学术实际和社会实际出发，开展具有改革开放时代精神的切实、笃实、扎实的研究。

六是重视实学研究的学术性、学理性，始终不忘、永远不离学术研究的正道，提高实学研究的学术含金量，逐步形成传统思想文化研究的独特学派。

《哲学动态》1991 年第 10 期曾经刊发葛荣晋先生的专访《实学研究的现状与展望——访葛荣晋教授》，文中记载了葛荣晋先生对于实学思潮、实学家以及实学研究的价值追求："实事求是的崇实精神，追求真理的科学精神，兴利除弊的改革精神，放眼世界的开放精神。"我觉得，这几句话可以看作葛荣晋先生实学研究和大半个世纪学术活动的精神写照，亦可以作为我们在未来的实学研究中的重要价值追求。

让我们齐心协力，团结一致，以唯实、崇实、向实、务实、弘实的态度，创造中国实学研究的新局面，取得更新更大的成就。

（李宗桂，中山大学哲学系教授，广东儒学研究会会长）

# 新实学的当代使命和努力方向

魏长宝

今天，在葛老师 88 华诞、从教 65 周年，以及葛老师亲手创立的中国实学研究会成立 30 周年的日子里，和这么多新老朋友在线上相聚，看到葛老师开创的实学研究事业兴旺发达，心情非常振奋。

我是葛老师带的 1997 级博士研究生，2000 年毕业，经葛老师推荐，到中国社会科学院工作，先后在中国社会科学杂志社和中国社会科学出版社做编辑工作，一晃也已经二十多年了。惭愧的是，在编辑岗位上工作了这么多年，一直没有为葛老师的实学研究事业和我们的中国实学研究会的工作作过什么实质性的贡献。唯一可以稍微提一下的是，今天上午会上发布的中国实学研究会的会刊《中国实学》，是由我所在的中国社会科学出版社出版的，不过这也不是我的贡献，所有的具体工作都是王杰兄做的。我只不过是近水楼台，先看到了书稿的内容。我在给这本书做终审的时候，很认真地拜读了书稿中收录的葛老师的《论中国实学》，张践老师的《关于新实学构建的一点设想》，涂可国教授的《当代实学体系建构》等文章，他们对构建"新实学"的问题进行了很深入的思考，提出了很多很好的意见，对我很有启发。所以我想借今天这个机会，就当代"新实学"的发展方向问题，谈一点不成熟的意见，供大家批评。

关心当代中国实学研究发展状况和最新进展的同行们，尤其是熟悉葛老师思想的葛门弟子和中国实学研究会的同道们都知道，葛老师很早就提出构建"新实学"的主张。2009 年 10 月，在韩国首尔召开的第十届东亚实学国际学术研讨会上，葛老师发表了《时代呼唤东亚"新实学"》的论文，正式提出构建东亚"新实学"的重要课题。在 2011 年第十一届东亚实学国际学术研讨会上，葛老师就构建中国新实学作了进一步论证，会议发言后以《构建中国"新实学"》为题，发表于《中共宁波市委党校学报》2011 年第 6 期。

实际上，据我的了解，葛老师开始思考如何构建"新实学"的问题还要更早一些。记得是 2006 年的夏天，有一天葛老师给我打了一个电话，谈起中国实学研究的下一步发展问题。他说中国实学研究经过近二十年的发展，现在到了应该建立当代"新实学"的新阶段了，他想组织一些同道围绕这个问题作些讨论，让我找一些有影响力的报刊媒体配合进行宣传。我当时还在中国社会科学杂志社做编辑，很快找了一家中央主流媒体和安徽的《学术界》杂志的负责同志商量，他们都表示会鼎力支持，《学术界》杂志总编辑袁玉立先生还专程来京拜见葛老师，并成为中国实学研究会的理事。

当年国庆假期以后，葛老师发给我一篇他新写的文章《新实学与中国哲学的当代发展》，我按照葛老师的想法，又约了两篇文章：一篇是时任湖北省社会科学院历史所所长、研究员，现为华中科技大学马克思主义学院教授黄长义先生写的《经世实学的近代转型及其当代价值》；另一篇是时任山东社会科学院儒学研究所所长，现任中国实学研究会副会长、曲阜师范大学孔子文化研究院特聘教授涂可国先生写的《中国实学研究的现状、问题与前景》（很高兴地看到，涂教授也参加了今天上午的会议）。

这三篇稿子相互配合，形成一组专题文章，原计划是看看能不能先在那家主流媒体发一个整版，把"新实学"的旗号向学术界打出来，然后再组织系列文章，在《学术界》等刊物持续推出。很遗憾，这个计划后来由于种种原因，没能执行。客观的原因是十几年前，中国传统文化面临的学术环境、文化环境、舆论环境还不像今天这样有利。当时所谓的"大陆新儒家"刚刚浮出水面，在学术文化界炒得沸沸扬扬。媒体的同志们觉得，再搞一个当代"新实学"，尤其是在主流媒体以整版的形式推出，还是要慎重，最好是以单篇文章的形式，一篇一篇地发，稳扎稳打，逐步形成影响。后来黄长义先生的文章先在那家媒体的理论版上刊发了，后面的文章安排没有跟上，这个计划就不了了之了。

主观的原因是，2007 年下半年，我开始准备出国访学，年底去了美国，待了一年多，中间的组织工作就断了，这是我的责任，至今想起来，仍觉得很遗憾，对不住葛老师！比起王杰兄和各位师兄弟们对中国实学研究会所作的投入和贡献，感到很汗颜！

葛老师那篇文章虽然没在那家主流媒体上刊发，但其核心内容和主要观点，都体现在 2011 年《中共宁波市委党校学报》刊发的那篇题为《构建中国"新实学"》的文章中了。葛老师提出的构建"新实学"的原则和设想是：创建"新实学"，必须走出困扰中国学者百余年的"中西古今"之争，以"文化自觉"精神，融会"中西古今"之学，走"综合创新"之路。他强调，构建"新实学"，在方法论上首先应采用马克思主义的批判诠释学方法。他说，这里所谓批判诠释学方法，主要不是从政治上着眼，而是从学理上解读，即以现代社会实践为检验真理的唯一标准，分析批判中国传统哲学和西方哲学，检验其是与非、得与失，再从普遍理性主义和人文主义立场，重新评估其理论价值和现实意义，扬弃民族性、时代性，创造性地使之成为构建"新实学"的文化资源。

葛老师提出的这个基本原则，对于我们当前开展中国实学研究和构建当代"新实学"，具有非常重要的指导意义。中国传统实学最重要的特点，无疑是其重视外王之学的学术传统和讲求经世致用的实践品格。当代"新实学"的构建，应突出实学的"外王之学"，将其经世致用传统和实践品格进行现代转化。葛老师说："新实学有无世界意义，有无现代价值，就在于它能否从哲学高度回答与解决当代中国和世界提出的各种重要社会问题作为衡量标准，而不以它是否符合某种西方哲学模式而裁定。"因此，当代"新实学"应当是一种直面当代现实、解决时代问题的哲学。新实学关注现实、讲求经世致用没错，但我们也要注意，要踏踏实实走好新时代的新实学发展之路，还是需要有一些政治智慧的，否则就容易把新实学的路走偏了，甚至走歪了。

新实学的建构，要避免所谓"大陆新儒学"的政治化路径。前几年复旦大学葛兆光教授有一篇批判大陆新儒学的文章，题目叫《异想天开——近年来大陆新儒学的政治诉求》，是 2017 年葛教授在哈佛大学"当代中国思想"研讨会上的一个发言，后来发表在台湾《思想》杂志第 33 期，现在在网上仍然流传很广。葛兆光教授的文章主要批评了某些大陆新儒家学者高调宣布，要从心性儒学走向政治儒学，要从文化建设转到政治参与，主张中国必须再儒化。葛兆光教授说，作为一个"入世"的流派，我可以理解大陆新儒家不甘心蛰居传统一隅，也不甘心只是坐而论道。然而他们或许会忘记，儒家历史上真正的政治批判者与思想阐发者，恰恰应当与政治权力保持距离，也就是应当"务正学以言，无曲学以阿世"。即使想干政或干禄，最好也看看西汉儒生的命运，董仲舒虽然上天人三策，但在汉武帝眼中仍只是五经博士之一，充其量是"通五经，能持论，善属文"的业儒书生，最终被贬斥以"修学著书为事"。

两位葛先生的这些批评和警告，我以为是很有道理，也很有远见的。我们任何时候都不能忘记，新实学首先是一种学术流派，我们的职责和使命，我们的优势和长处，就是做好我们的学术研究。新实学当然要关注现实，走进时代，但我们的使命是以学术的方式关注现实，走进时代，而不是挽袖伸臂，赤膊上阵，直接参与政治。新实学的道路要走得平稳、走得长远，我们就应该认真吸取两位葛先生"不从政治上着眼"的智慧和忠告。

伟大的理论来自伟大的实践，中国现代化建设的实践呼唤富有大智慧的新哲学的产生。当代"新实学"的建构应当以为天地立心、为万民立命的情怀，密切关注并积极投身新时代中国特色社会主义的伟大实践，并善于把这一伟大实践上升为深刻的理论，在这一过程中作出伟大的学术创造、理论创造和哲学创造。新实学在各式各样的挑战面前，应当能从容不迫地应对之，并有效地化解之。

新实学只有建立起有着强烈的穿透力和处理问题能力的理论框架和理论创见，经受住种种挑战的考验，才能成为时代的理论、时代的哲学。这就是我对这次会议的主题"新实学　新实践　新起点"的一点理解，不当之处，请各位师友、各位同仁批评指正！

最后，祝葛老师身体健康，寿比南山！祝新时代的新实学研究事业在王杰兄的带领下，在各位葛门弟子、各位实学研究会会员及学术界和社会各界的鼎力支持下，红红火火，更加兴旺发达！

（魏长宝，中国社会科学杂志社副总编辑、编审）

# 实学研究与中国哲学的"实事求是"传统

陈卫平

葛荣晋教授倡导和推动实学研究，对于中国哲学史研究有重要的意义，即揭示了中国哲学存在着"实事求是"的传统。流行的说法在论及马克思主义中国化对于传统的实事求是的吸取时，常常说实事求是是原来传统的治学方法，言外之意，实事求是不是中国哲学的传统，这样的看法是不准确的。

回顾中国哲学史的历史进程，实事求是思想凸显主要在经世致用思潮高涨的先秦、南宋和明清之际。明清之际经世致用思潮的重要代表学者黄宗羲说："古者儒墨诸家，其所著书，大者以治天下，小者以为民用，盖未有空言无事实者。"（《今水经序》）。其实，不仅儒、墨，还有其他诸子，不仅先秦，还有南宋、明清之际，立于经世致用潮头的哲学家都是如此：以事实为"治天下""为民用"的出发点和落脚点。"实事"是指实在的认识对象，"求"是研究"实事"的过程，"是"则指把握对象的真实形态、性质。经世致用就是直面现实社会、人生的现实问题。这两者互相联系：后者是前者的价值取向，前者是后者的认识路线。这里限于时间，主要讲两点。

一是最早提出"实事求是"的刘德，是否具有哲学含义。《汉书·景十三王传》说，汉景帝的三儿子刘德"修学好古，实事求是"。刘德致力于汉初的儒学复兴。他说："学圣人之道，譬如日焉，静居独思，譬如火焉。"前者是丽日光耀万丈的"大知"，后者是爝火所照有限的"见小"，而"惟学问可以广明德慧也"（《说苑·建本》篇）。《春秋繁露·五行对》记载刘德与董仲舒的讨论："《孝经》曰：'夫孝，天之经，地之义。'何谓也？"思考孝之天经地义的人性根据是什么。显然，求索广明德慧的性与天道的学问，是刘德"修学好古"的内容，而"实事求是"是如何求索的认识论。

《汉书·景十三王传》还记载：刘德与汉武帝商议治国对策，"推道术而言，得事之中"，以理论为依据而切中实际事情，经世致用的品格跃然可见。唐代颜师古注释《汉书》，解释"实事求是"为"务得事实，每求真是"，以"事实"诠释"实事"，表示认识的出发点不是某个事物（实事），而是事物处于的真实情况（事实）；以"真"修饰"是"，强调不能停留于表面之"是"，而应深入事物本质、规律。这样的解释突出了实事求是的哲学意味。

二是先秦诸子奠定了中国哲学实事求是的传统。刘德集实事求是与经世致用于一身，是对先秦诸子的继承。在先秦的社会剧烈变革中，"阴阳、儒、墨、名、法、道德，此务为治者也"（司马谈《论六家要旨》）。"务为治"就是经世致用，诸子的治道各异，对"事实"的阐发亦各有侧重。儒家的孔子以"复礼"即复兴周代礼乐文明为治道，看重周代文献记载的事实。他说："夏礼，吾能言之，杞不足征也，殷礼，吾能言之，宋不足征也，文献不足故也，足，则吾能征之。"（《论语·八佾》）夏、殷的礼制到了他们的后代杞国、宋国，已经没有文献依据了，即使"能言之"，也不足信，此即《中庸》所讲的"无征不信"。

行"仁政"是孟子的治道，其哲学根据是性善说，即人人皆有善端，所以可以行仁政。《孟子·告子上》指出：告子的"生之谓性"，以为人与生俱来的食、色等本能就是性；而动物也有同样的本能，这岂不是说"牛之性，犹人之性与"？混淆了两者的本质区别吗？只有认识到凡人皆有善端是人性，才能在事实上和动物区别开来。就是说，"性"是表示事物本质的范畴。孟子关于人和动物本质区别之所在的看法不完全正确，但其中包含着合理的观点：把握事实必须从事物的表面而深入其本质。

荀子的治道是"礼义者，治之始也"（《荀子·王制》）。他在《荀子·非十二子》和《荀子·解蔽》中指出：其他诸子虽然"持之有故，言之成理"，但"皆道之一隅"，只看到事物的某个片面，这犹如暗夜行路，误认卧石为伏虎，"冥冥而行者，见寝石以为伏虎"，即把假象作为事实。所以，"治之要在于知道"，"壹于道而以赞稽物"，荀子以为自己的治道是用"道"全面地把握万物。姑且不论他是否做到了这一点，重要的是他认识到：事实是对事物的全面性的断定。可见，在孔、孟、荀经世治道的背后，是从不同角度对事实的认知和把握。

墨、道、法也是如此。墨子以兼爱为治道，注重将其落实于行动。因此，他指出：盲人也会说白黑之名的区别，但把白黑之物混在一起请他选择，他就茫然不知所措了，所以说盲人不知白黑，"非以其名也，以其取也"（《墨子·贵义》）。是否贯彻兼爱，同样是如此。这样的"取名予实"，意味着是从事实出发还是空谈名称，必须在实际行动中经受检验，否则，就会被盲人也能识别白黑这类说法愚弄。

道家的治道是"无为而治"，其重要原则是反对将自己的主观意愿强加于治理对象，庄子将此概括为"顺物自然而无容私焉，而天下治矣"（《庄子·应帝王》）。他的不少寓言讽刺了违背事物本性的愚蠢举动，如"鲁侯养鸟"，说的是鲁侯把鸟供养在庙堂，为它奏"九韶"之乐，让它吃"太牢"筵席，结果鸟被吓得不饮不食，三日而死，庄子称这是"以己养鸟也，非以鸟养鸟也"（《庄子·至乐》）。只凭主观意图而不分析不同事物的个性，最终将走向良好意愿的反面。可见，道家从反对主观性的"无容私"的角度，说明了从事实出发就是要"顺物自然"，即依从不同事物的各自本性。

法家以变法为治道，主张正视现实情况，打破陈规陋习。韩非的"郑人买履"阐述了这一点：郑国某个愚人去市场买鞋，先记录了脚的尺码，但到了市场发现忘带了，又赶回家去拿，等到再回到市场时，鞋店关门了。有人问他：何不用自己的脚来试呢？他答曰："宁信度，无自信也。"（《韩非子·外储说左上》）这揭露了无视鲜活事实的重要认识根源是本本主义：迷信书本上规定的"尺码"。

墨、道、法从不同角度揭示了三种认识之"愚"，说明正常的认识活动必须以尊重事实为基础。名实之辩是先秦哲学的中心论题，涉及名（名称、概念）和实（实物、实体）的关系。

上述先秦诸子对事实的认知和把握，正是回答名实之辩的题中之义，这表明实事求是思想在中国哲学的源头就已确立了根基。

（陈卫平，华东师范大学哲学系教授）

# 实学研究的奠基与拓展

## ——在中国实学研究会成立 30 周年上的主旨发言

朱康有

中国实学研究会成立 30 年以来，在葛荣晋、张践、王杰几任会长的领导下，充分利用东亚经济社会发展提供的文化交流与合作形势、我国社会主义文化繁荣发展的良好局面，在中国实学研究的奠基与拓展方面，走出了自己独特的道路，成为中国思想文化界百花园中一道亮丽的"风景线"。下面，我想围绕实学研究的奠基与拓展，谈一些自己的想法。

1. 定义实学内涵。研究对象的确立，是社会科学研究的第一步。对实学的探索，不光国内在 20 世纪 40 年代就有人提出，日、韩对之相关研究甚至比我们还略早。但一个共同的缺陷是，大家对"实学"内涵的界定不一，无法形成共识。如此状况，则不免造成分散局面。看起来文章、论著不少，但都是各自为政，连续的、系统的研究几无可能。学术纲领的内核聚拢不足，就形不成学术共同体。葛先生对"实学"概念作了辨析，以"实体达用"作为其内涵，以经世实学作为"实学"分类的核心，这就为实学理论的深入探索作了基本规范。

2. 限定实学外延。一般认为，明末清初形成了实学思潮的高峰时期。因此在 20 世纪 80 年代末期，葛荣晋先生参与主编的《明清实学思潮史》聚拢学术界力量完成了这一时期的思想厘清目标，由此改变了这一时期中国思想史"地主阶级反思思潮""资本主义启蒙意识"等主张，启用古人自我的界定，从而使思想史很好地衔接起来（先秦子学、两汉经学、魏晋玄学、隋唐佛学、宋明理学、明清实学、近代新学，每一阶段用一个字高度凝练概括其特征）。20 世纪 90 年代葛荣晋先生主编的《中国实学思潮史》追究"实学"

产生的主要根源、影响延伸，又将之拓展为上至北宋（与理学同时）、下延清晚期咸丰道光（与"新学"相接），提出与理学、心学相并，以"气学"为根基的中义"实学"。他比较反对狭义化和广义化（"泛化"）的"实学"。

3. 勾勒实学体系。2002 年，葛先生在中共中央党校出版社出版《中国实学文化导论》，可以看作他构建纯"实学"基础理论的尝试。该著自称为"导论"，透露出本身即欲为"实学"铺垫一个理论基础。尽管此著仍基本按照历史顺序，保留人物个案痕迹，但其写法打破了以上两史人物实学思想"存在性"证明的叙述方法，而以大的时代变迁为根据、注重"横断面"分析——如从气实体论、伦理思想、价值观念、中西交流等角度展开"明清实学"，尤其最后探讨了实学的近代指向、现代社会价值，将实学研究与现时代的转换结合起来。难能可贵的是，葛先生前瞻性地提出 21 世纪实学研究的总体构想——加强实学专题研究，进一步揭示中国实学的逻辑范畴体系和理论框架、有计划地加强和组织国际学术合作使之成为推动东亚经济社会发展的思想动力等方面，为实学研究的后继者指明了方向。此外，葛先生还基于东亚实学的发展提出"新实学"概念，惜未能深入发挥，但同时为研究者提供了学术生长的巨大可能空间。

4. 拓展实学意蕴。新时代从思想文化领域来讲，一个最显著的特点是对中华优秀传统文化的传承和弘扬。"新实学"的构建，适逢如此时代机遇而蓬勃发展。我们对"实学"作了广义的解释，这一点仍然继承了葛先生的学术脉络。我们所说的广义实学，并非谓之对实学在历史上作进一步泛化，而是将整个传统文化融入今日社会当中的一种设想。此既符合葛先生提出"新实学"的宏愿，又暗合当下主流意识形态、思想文化建设的需要。比如说，2016 年中国实学研究会改选后，新任会长王杰教授带领同仁所作的"实学思想家故里行"以及"领导干部学国学全国行"，落实中央《关于实施中华优秀传统文化传承发展工程的意见》，紧密结合区域经济社会文化之亟需，紧紧抓住"关键少数"开展了大量学术活动，极大地凸显了"实学"的现时代价值。

5. 推动实学文化普及。30 年来，实学的规模性研究前 20 年主要是在学界特别是中国思想史、中国哲学史领域，而近十年来在普及推广方面做了大量工作。比如说张践会长和韩、日实学会商议后在三国同时出版了《影响东亚的99位实学思想家》，从王杰会长开始启动理事单位和会员发展工作，大量吸纳企业人士和党政干部参加学会有关活动，和地方政府、企业合作开展传统文化活动，利用数字化时代便利条件创办相关微信公众号，即将出版通俗的《中国实学简本》……从而大大提升了中国实学研究会以及实学文化本身的社会影响力，为实学基础研究造就了一个从"小圈子"到"大圈子"的良好社会认同氛围。

6. 开展实学内外交流。这可以分为两方面。一是国际特别是东亚实学的国际交流。中、日、韩20世纪90年代初期相继成立学术组织，三国两年定期轮流举办一次特定主题的国际实学会议，另将中国台湾以及香港、澳门地区的学者吸收进来，容纳新加坡、马来西亚、越南等国学者，这个会议机制延续至今30年，坚持得很好，是一个非常好的国际学术平台，为国家间的民间社团思想文化交流树立了典范和样板。二是中国实学研究会作为国家一级学会，与国内其他学术团体主办了许多国内国际会议。实学作为中国传统文化尤其是儒家文化发展到特定历史时期的阶段性产物，与中华优秀传统文化的其他组成部分有着紧密的联系，探讨实学与中华优秀传统文化的整体关联，从而扩大了实学研究、实学文化的影响面。

7. 培塑实学研究队伍。人才是学术研究能够形成梯队、持续跟进的基石。首先，中国实学研究会实现了核心领导层面的顺利更替。其次，学会的理事更新幅度较大，六七十岁以上的老一代实学拓荒者，有一些成了顾问，六十岁以下特别是四十岁左右、以博士和副教授以上学历职称为主体的年轻学者补充到理事队伍中来，形成主干力量。当然，我们也看到，以实学为主要研究方向或形成专著成果的人才比较匮乏，大多是旁及或涉猎者多。中国实学研究会（如王杰会长签订与清华大学合作培养以实学为专题的博士后的协议）目前正在努力推进人才队伍建设。

8. 进一步推动实学国际合作。老一辈实学开拓者为我们后继者奠定了一个良好的组织基础、交流机制，并出版了诸如《中日实学史研究》《中韩实学史》《韩国实学思想史》《朝鲜朝后期北学派实学思想研究》《西学东渐与明清实学》等有分量的著作。尽管葛先生认为仍停留在"各说各话"阶段，但这属于交流初期的正常情况——主要因为各国各地区面临的实际状况以及思想资源互有不同。问题主要在于：如何在此基础上进一步推动双方或三方的实学文化交流？现在，中国文化走出去为我们提供了一个大好机遇：一方面仍要加强组织工作，可在北京先设立国际实学研究联络小组（在此基础上建立东亚实学组织），把定期的机制改为常设机构；另一方面在几方共同关注的具体内容上多下功夫，针对韩、日实学界"小众化"的特点多想办法。

9. 进一步繁荣中国实学研究。我们在"开来"作了不少尝试，但"既往"不够，作为一级学术组织没有拿出有深度、有分量的精品力作。给外人来看，似乎中国实学研究会不搞"实学"了。如果离开实学的基础理论研究，即使轰轰烈烈，都可能华而不实，并直接影响中国实学研究会的声誉和根基。一是集中方向。在繁茂"枝叶"的发展趋势下，强化"根基"培养。及早培养作基础研究的年轻人才，推出一批有分量的大作、力作。二是深化专题。不能只是停留在传统实学人物或著作或内容的一般介绍上，普及固然如此，但如何引导学子们去做"大部头"的长期系统性工作，始终是学会应该考虑的长远问题。三是引领作用。中国实学研究会的领导层要以身作则，诸如葛先生一辈大家，他们本人大都有自己亲著的实学作品，这是我们晚辈应当着力向他们学习的地方。

（朱康有，天津大学社会主义现代化研究中心研究员）

# 葛荣晋先生与陕西的关学研究

刘学智

首先我热烈祝贺中国实学研究会成立 30 周年！同时也衷心祝贺中国实学研究会创会会长葛荣晋先生从教 65 周年！

葛老师是我们非常崇敬的前辈学者之一，在我初识葛老师的时候，虽然老师已是国内外很有声望的学者，但他和蔼可亲，平易近人，不仅对我们的学术研究有多方面的启迪和帮助，而且在诚实做人、乐于助人方面也为我们树立了良好的榜样。在我的心中，葛老师是一位学识渊博、著作等身，非常具有亲和力，待人诚恳、关心他人的忠厚长者。对我来说，葛老师既是我学业上的良师，又是我生活中的益友。

回忆起来，我与葛老师的交往已经有 30 年的时光了，记不清最早是在什么时候（很可能是在中国实学研究会成立的时候），但见面最多的则是在张载关学研究和实学研究的相关会议上。如 1999、2007 年在陕西眉县的张载学术研讨会，2003 年在张载关学与南冥学学术研讨会，2004 年在河南焦作的"许衡学术研讨会"，同年在湖南长沙召开的学术研讨会，2007 年 11 月在眉县太白山下召开的"张载关学与东亚文明"国际学术研讨会，2011 年在内蒙古鄂尔多斯召开的实学学术研讨会等，这些会议大多是由葛老师主导或策划召开的，对于关学与实学的研究起了重要的推动作用。

对于参加学术研讨会，我个人有一个深切的体会，当你参加某一论题的研讨会，就有了向更多朋友、专家学习和交流的机会，所以，你就有可能或有机会站到这个问题研究的前沿，所以上述研讨会对我本人的学术历练是很有帮助的。我在此感谢葛老师提供的多次学习机会。

30 年前，在中国实学研究会成立之时，在葛老师的关怀和支持下，在张践教授、王杰教授的帮助下，我有幸成为中国实学研究会首批会员和理事。我所以能步入实学研究领域，找到把关学与实学结合起来研究关学的视角，与我参加实学研究会有很大的关系。感谢葛老师、张践兄、王杰兄！

葛老师的学术成就是多方面的，无论在先秦儒道哲学研究方面，还是在两汉哲学研究方面，都颇有建树，而先生的学术成就更突出地体现在，他能把中国古代哲学意蕴运用于现代文明体系的建构，特别是把儒道的哲学智慧与现代企业管理结合起来，构建了中国式的管理哲学体系。而让我感触最深的则是葛老师对陕西关学研究的关注、支持和殷切指导，先生在推动陕西关学研究方面所作的不懈努力，使我感触至深，难以忘怀。所以我这里不想谈"葛老师的关学研究"，而是想主要谈谈葛老师与陕西的关学研究。

陕西的关学研究在 20 世纪 80 年代之前基本上处于低谷，除了陈俊民先生、赵吉惠先生、赵馥洁先生外，关注关学研究的并不多。1999 年 9 月，葛老师来到了陕西，在葛老师和时任陕西省哲学学会会长赵馥洁先生，以及赵吉惠先生的共同推动下，与眉县政府合作，召开了史上最大规模的"张载关学与实学国际学术研讨会"。这次会议不仅有国内诸多知名学者参加，也有包括中国台湾、香港、韩国、日本在内的学者，如韩国赵骏河、张闰洙，日本小笠智章，中国台湾吴有能等。在这次会上，围绕着实学的渊源和特征、关学与实学的关系、实学的历史发展等问题展开了深入讨论。

也是在这次会议期间，在葛老师、赵馥洁先生、赵吉惠先生的主导和推动下，成立了陕西关学与实学研究会，隶属陕西省哲学学会，赵吉惠先生为会长，赵馥洁先生为副会长。2005 年，赵吉惠先生不幸逝世，后由我担任会长，直到现在。该研究会的成立对凝聚陕西省内外关学研究的力量，推动关学与实学结合的研究发挥了积极的作用。由于我们找到了关学与实学结合的研究新视角，关学研究的深化也才有了一个可进一步拓展的方向。

在之后的 2007 年"张载关学与东亚文明"国际学术研讨会上，葛老师发表了一篇在会议上引起关注的论文，这就是《转换研究范式，推动张载关学研究》，文中提出了"关学研究范式"三次转换的观点，他指出，以往在张载关学的研究中，主要有两种范式："20 世纪 50 年代前，主要是'理学研究的范式'；从20世纪50年代以后，主要是'两军对垒研究范式'。"他认为，这两种研究范式，虽然对张载关学的研究有过一定的历史价值，"但是从当代眼光看，它总体上已不再适应新时代的需要，我们应及时地代之以'实学研究范式'，恢复张载关学的实学真面貌，正确评价它在中国学术史上的历史地位，从而开创张载关学研究的新局面"。在葛老师看来，将关学研究与实学研究相结合，是关学研究在当代应该坚持走的一个进路，这为我们进一步推进关学研究指明了方向，在内容上拓宽了视野。

葛老师本人在关学研究中就一直坚持关学与实学结合的范式来深化关学的研究。在这方面葛老师给了我们诸多启迪。他在1999年的会议上发表的《试论张载关学与明清实学的关系》的论文，具有指导方向的意义。他提出了张载实学是明清实学重要渊源的观点，同时又指出张载之后的关学又成为明清实学一支重要的生力军，对明清时期的实学产生了较大的影响。他以关学学人吕柟、冯从吾、李二曲的实学思想为例，说明明清时期关学既承继了张载的实学思想，也在明清实学的影响下有了新的特征。

例如他指出，李二曲批判了心学末流空谈心性的危害，"遵照张载关学'以躬行礼教为本'的治学宗旨，明确提出了'明体适用之学'，把关学推进到了理学与实学相结合的阶段"。而且指出，二曲"从体用结合的理论高度，全面阐述了心性实学和经世致用的实学的内涵，从而拓宽了张载关学研究的领域"。确实，李二曲一面讲"明体"即明心性之体，一面讲"适用"，强调经世致用，反对腐儒空谈心性，把心性实学与经世实学有机地结合起来了。

显然，葛老师抓住了李二曲实学思想的特点，进而，葛老师通过对罗钦顺、王廷相、王夫之、戴震等人思想的分析，说明张载的实学对该时期一些理学家实学思想的形成产生过重要的影响。同时他又通过"从明清之际王学营垒中分化出来的实学家"如唐鹤征、刘宗周、黄宗羲等人思想的分析，说明了"张载关学是由'心学'向'气学'转化的有效催化剂"。在葛老师看来，张载关学不仅是明清实学的重要渊源，而且建立在气学基础上的明清关学思想，也对明清时期的理学家、心学家向实学思想的转化产生过重要的影响。

之后多年，葛老师对陕西的关学研究持续予以关注。例如，当得知我们在编纂《关学文库》时，葛老师也给予了鼓励。《关学文库》出版后，陕西省政府在北京举行了盛大的首发式及研讨会，当时中国人民大学的张立文老师和葛荣晋老师，都亲自参加了会议，并作了热情洋溢的发言。葛老师在发言中，提出宋代以后，在思想上形成了程朱理学、陆王心学和以张载、王廷相、王夫之为代表的实学的"三足鼎立"的学术格局。他对张载思想的定位是实学家，而不是理学家。这是一个很不同于时论的新观点。至于对这一观点如何评价，可以有不同的看法，但是葛老师不人云亦云，敢于坚持一家之言的精神，是值得我们学习的。

同时，葛老师对《关学文库》采取的各级领导、专家学者和出版编辑的"三位一体"的模式，给予了充分肯定，认为这是一个成功的模式，值得推广。葛老师还指出，"《关学文库》在编辑体例上，在黄宗羲的《宋元学案》《明儒学案》的基础上，将'学案'的'文献摘录'和'简单评语'改成'文献整理'和'学者评传'，这在中国文献学史上也是一种模式的创新"。他对《关学文库》给予了高度的评价，肯定了陕西学者在关学研究方面取得的进展。这对我们是一个鼓励。

总之，葛老师多年来一直与陕西学界保持着密切的联系，对陕西的关学研究给予了更多的关注，对陕西关学研究活动的开展给予了有力的推动、支持和方法的指引。在此，我们诚恳感谢葛老师对我们陕西关学研究的关注和支持！

（刘学智，陕西师范大学教授）

# 从管理哲学到企业儒学

黎红雷

大家下午好！十分高兴出席中国实学研究会成立 30 周年庆典暨葛荣晋教授从教 65 周年学术研讨会！

葛老师从教一个甲子，学术成果丰硕，著作等身，涉及领域广泛，其中我印象比较深刻的是葛老师开创的中国实学和中国管理哲学研究。记得 35 年前，1987 年开始，我在中山大学师从李锦全教授在职攻读博士学位，以《儒家管理哲学》为题撰写博士学位论文。可是当时咱们国内中国哲学史界从事管理哲学研究的人实在是凤毛麟角，葛荣晋教授就是他们那一辈学者中的探路者。

葛老师先后出版《中国管理哲学导论》《中国管理哲学通论》等著作，全面地揭示和阐述了中国管理哲学的基本特征、管理模式、理论架构及其现代价值，将中国管理哲学确定为一门以人为本的"正己正人之学"，其理论架构由人性假定、管理主体、立身行事、管理模式和管理境界五个部分构成，在管理模式和手段上，分为"有为而治"和"无为而治"等。这些观点，都是富有创造性的见解。

特别令我感动的是，葛老师对我本人学术研究和个人成长的热情关怀和鼎力支持，先后推荐我进入中国孔子学会和中国实学研究会，并大力支持我将中国管理哲学的研究扎根企业，促进了"企业儒学"的形成。

五年前，2017 年 11 月在北京召开的第十四届东亚实学国际高峰论坛上，我应邀发表了学术演讲《企业儒学：当代实学的新发展》，指出：实学是儒家的一个学派，主张为学必须明体达用、经邦济世。实学概念源自中国，流传于韩国和日本。在东亚地区现代化的过程中，实学扮演了一个重要的角色。

就其在企业中的发展而言，日本著名企业家稻盛和夫 1998 年就出版过名为《经营和会计实学》的书，运用实学的思想解剖 20 世纪 90 年代日本经济泡沫产生的原因，并依据自己的经营哲学而提出相应的对策。

在改革开放中成长起来的当代中国企业家，自觉承续自己的"文化资本"，即以儒家思想为主要代表的中华优秀传统文化，包括实学所倡导的"明体达用""知行合一"的精神，以儒学之道驾驭现代管理科学之术，不但解决了企业自身的经营管理问题，而且为儒学在当代的复兴、实学在当代的发展，开拓了一个新的领域，形成了我称之为"企业儒学"的理论和实践体系。

五年过去了，企业儒学这个领域发展得如何？借此机会，向葛老师和各位同仁汇报一下。

在学术研究方面，从 2017 年起，人民出版社连续出版了我主编的《企业儒学年鉴》，该年鉴先后开设企业儒学源流、中外儒商研究、社会企业研究、企业文化研究、企业案例研究、企业家言、专题研讨等专栏。最近，为纪念企业儒学开拓 35 周年，中山大学出版社又出版了我主编的《企业儒学的开创与传承》文集，收集了海内外老中青学者和企业家的五十多篇相关文章。

在实践应用方面，从 2017 年起，我们连续召开博鳌儒商论坛年会，最近两年因新冠疫情，改为线上以及在各地线下分散举行，先后举办了十多场分论坛，四十多场线上对话。从今年开始，由教育部、文化和旅游部与山东省人民政府联合主办的尼山"世界文明论坛"增设"世界儒商文化论坛"，首届将于 9 月 26 日在曲阜尼山圣境举行。11 月 28 日至 12 月 1 日，首届新儒商团体联席会议将在当代新儒商示范企业——宁波方太集团举行。

总的来看，以当代新儒商的实践为基础的企业儒学研究，在政商学、海内外、老中青各界产生了越来越大的影响，成为当代新儒学与新实学发展富有活力的新领域。

从理论到实践，又从实践到理论的反复验证和深入思考，为企业儒学理论体系的建构奠定了坚实的基础，亦形成了我的新著《企业儒学——新儒商治理智慧的结晶》。在该书中，我提出并论证了以下观点，借此机会，也向葛老师和各位同仁汇报，希望继续得到大家的指正和支持！

首先，什么是"企业儒学"？就学科定位而言，企业儒学既是当代儒学发展的一个新领域，也是当代企业理论的一个中国化表述；就理论形态而言，企业儒学既是对千年儒学传统的创造性转化，也是对百年企业理论的创新性发展；就实践基础而言，企业儒学既是中华优秀传统文化融入现代企业经营管理实践的概括与总结，也是新儒商企业治理智慧的结晶。

其次，企业儒学的基本原理有三条原则。第一，"天人合一"的精神信仰，包括敬畏天道的信仰根源、孝亲法祖的信仰依据、爱人惜物的信仰实践。第二，德礼合一的管理文化，包括道之以德的人文教化、齐之以礼的制度规范、以道御术的运作方式。第三，义利合一的经营哲学，包括"以义致利"的经营目标、成己成物的经营途径、诚信为本的经营伦理。

再次，企业儒学融入企业管理有三个理念。第一，拟家庭化的组织理念，包括亲如一家的组织氛围、教以人伦的组织教化、和则多力的组织目标。第二，修己治人的领导理念，包括修己以敬的领导修养、修己安人的领导过程、修己安众的领导效果。第三，德才兼备的用人理念，包括立德树人的育人措施、明哲善察的知人方法、任贤使能的用人原则。

复次，企业儒学融入企业经营有三种思维。第一，和合共生的战略思维，包括和而时中的战略决策、合作共赢的战略举措、生生不息的战略目标。第二，博济天下的责任思维，包括导人为善的企业责任、泛爱大众的社会责任、万物一体的自然责任。第三，创业垂统的传承思维，包括自强不息的创业精神、日新又新的创新精神、博厚悠远的传承精神等。

最后，企业儒学的当代价值：第一是当代儒学活力的体现，对列文森所谓"儒学走进博物馆"的论断提出了有理有据的证伪；第二是当代治理理论的拓展，对"全球治理理论"进行了微观层面的补充；第三是当代工商文明的建构，对韦伯"新教伦理与资本主义精神"的研究展示了儒家伦理适应现代市场经济的重要参照系。

各位朋友！习近平总书记在哲学社会科学工作座谈会上的讲话中指出："要加强对中华优秀传统文化的挖掘和阐发，使中华民族最基本的文化基因与当代文化相适应、与现代社会相协调，把跨越时空、超越国界、富有永恒魅力、具有当代价值的文化精神弘扬起来。"从葛荣晋老师开始，中国管理哲学的研究，已经不再局限在学者的书斋和课堂，而是走向社会、走向现实、走向实践。

最近，我看到王杰教授将他多年从事"领导干部学国学"的活动领域命名为"仕林儒学",我非常高兴!我想,无论是"企业儒学"还是"仕林儒学",抑或"乡村儒学"等,都可以归结为新时代的新实学,都是中国传统治道即中国管理哲学在当代各个领域的应用与开展。

我们这一代学人,要坚定不移地沿着葛老师他们那一辈学者开拓的道路走下去,进一步推进中华优秀传统文化的创造性转化与创新性发展,打造具有中国特色和普遍意义的学科体系,为中华民族的复兴、人类社会的福祉,作出应有的贡献!——我想,这就是对中国实学研究会30周年庆典暨葛荣晋教授从教65周年最好的庆祝与纪念!

谢谢大家!

(黎红雷,中山大学教授、博士生导师,全国新儒商团体联席会议秘书长,博鳌儒商论坛理事长)

# 求实事求是之道，治经世致用之学

## ——在葛荣晋教授从教 65 周年学术研讨会上的发言

臧峰宇

各位领导、各位同仁：

大家好！非常感谢大家在百忙之中参加中国实学研究会与中国人民大学哲学院联合主办的葛荣晋教授从教 65 周年学术研讨会。

葛荣晋教授是中国实学研究会创会会长，是中国哲学研究领域的著名学者，也是我国管理哲学专业的开拓者之一。我刚到人大哲学院工作不久，就听到一个说法，在人大中国哲学的资深学者中有"三驾马车"，就是方立天先生、张立文先生和葛荣晋先生，当时曾拜读过葛老师的《中国哲学范畴导论》，很受启发。

我参与学院管理工作后，几乎每年都到葛老师家里看望他，他那些年身体健朗，待人热情，每次见面都听他畅谈学术研究历程，回忆他在人大哲学院求学和工作的岁月。记得他那时谈得比较多的是对实学的研究和对管理哲学的探索，强调将中国古代儒家、道家、兵家、法家思想中的管理思想资源同社会主义市场经济的管理实践结合起来，提出了孔子的德性管理、老子的水性管理、孙子的智性管理、韩非的刚性管理等范畴，呈现了管理哲学的中国文化语境，力图实现中国古代管理哲学的创造性转化和创新性发展，从中可见经世致用、崇实黜虚的学术气象。

作为中国实学研究会创会会长，葛老师率先提出构建"新实学"，推动了中国、日本和韩国学者在实学领域的学术交流。实学思潮始于宋，达于明清，以"实事求是"为宗旨，以"经世致用"为主要内容，体现了中国哲学思想走向近代的印记。

　　葛老师指出，明清实学思潮源于阳明心学，阳明心学倡导"实心实学"，具体体现为"本体工夫合一"的"实心"论，"实地用功"的"实功"论，"践履之实"的"实行"论，"爱人之诚心，亲民之实学"的"明德亲民"论。阳明心学是知行合一的体用之学，强调"着实体察""以实体得"，这种"心灵体悟"不是悬空的，而是"在实事上格""在事上磨炼""在事为上用功"，以良知良能反身实践，确乎对后来的实学研究产生了深远的影响。这个看法不仅确认了实学思想之源，而且为倡导"实体达用"的实学研究所应具有的心性智慧提供了内在根据。

　　"实学"是相对于"虚学"而言的，体现了中国古代思想家以思"求用"的目的性诉求。在葛老师看来，中国古代实学思想"包含的实事求是的崇实精神、追求真理的科学精神、以人为本的民本思想、兴利除弊的改革精神、放眼世界的开放精神，仍深深扎根于中国人民的文化心理结构中，是推动中国现代社会发展、建设人类精神文明的重要文化资源"。这种由阳明心学到明清实学的转化逐渐为中国现代思想启蒙提供了观念资源。

　　我将阳明心学理解为一种实践心学，这种实践心学经面向现实问题的实学转向，成为先进知识分子在马克思主义传入中国的早期阶段理解实践思维方式的一种文化自觉。崇尚经世致用、实体达用之学的现实性力量，强调发挥革命理想与意志力的作用，这在李大钊、陈独秀、毛泽东、郭沫若与叶挺等中国先进知识分子的思想中均可见一斑，务实求真可以说是改变近代中国境遇的本真精神。

　　关于中国实学思潮的走向，葛老师主持编写了三本代表性著作，分别是《明清实学思潮史》《中国实学思想史》和《韩国实学思想史》，这三本书都是厚重之作，葛老师的研究团队对中国实学思想的源起、发展和海外传播作了深入研究。我觉得推动中国实学研究，不仅体现了葛老师敏锐的问题意识和时代关怀，而且与他常年沉浸中国哲学研究积淀的学术基础直接相关。

　　我在主编人大哲学院简史的时候注意到，20 世纪 80 年代开始了人大哲学学者的学术高产时期，他们是在没有电脑和网络资料搜集的情况下完成那些学术著作的，那些手稿今天看来也很珍贵。

　　1983 年，葛老师在《晋阳学刊》发表《论王符无神论思想的二元论倾向》，1984 年在《哲学研究》发表《关于王廷相传记资料的重要发现》，他在这段时间还发表了很多有分量的文章，后来出版了《中国哲学范畴史》《中国哲学范畴导论》《中国哲学范畴通论》，以及《中日实学史研究》《儒道智慧与当代社会》……我们可以在《葛荣晋文集》第十二卷和《葛荣晋学术论著自选集》四卷本中看到他的学术思想发展历程，而在2014年出版《葛荣晋文集》之后，葛老师新写了一些文章，力度颇为遒劲，正如他对阳明心学所作的"其功伟矣"的评价一样，在中国实学研究领域，用这四个字来评价葛老师，我想也是比较恰当的。

葛老师从中国哲学研究而开启实学领域新探索，体现了一种实践之思，而体现这种实践之思的现实性追求的正是他对管理哲学理论的探索。四卷本《葛荣晋学术论著自选集》第一卷就是《中国管理哲学导论》，包括"管理与人性""自我管理""立身行事""有为而治""无为而治""管理境界"六编，实乃一部学术力作，可见管理哲学研究在葛老师的学术历程中所占的分量。在他看来，中国管理哲学始于"正己"终于"正人"，本质上是一门"以人为本"的"正己正人之学"或"修己治人之学"。在这个意义上，中国管理哲学强调的不是面对因物化而单向度存在的个人的体现工具理性的管理理论，而是一种提升自我和改变他人的心性之学。强调管理主体的道德修养和人格塑造，由此避免管理主体在管理场中的"缺位"，从而呈现了中国管理哲学思想的自主性问题，对管理哲学学科建设是很有启发性的。

人大管理哲学学科设立于2004年，是我国高校中最早的管理哲学专业博士点，致力于管理哲学理论与实践、管理思想史教学与研究，在人才培养、教材出版、学术研究等方面取得了可观的成绩。在创立这个学科初期，能够引以为基础的大概主要是葛老师的管理哲学研究和肖明教授的《管理哲学纲要》一书。葛老师在这个领域持续研究，多次主持与召开"儒商与企业管理学术研讨会"，多次在多所著名高校做管理哲学讲座，与企业家和高层管理者对话。今天，我们在很多视频讲座中仍能看到葛老师当年的风采。

葛老师强调中国管理哲学研究是一种时代呼唤，要在研究中实现综合创新，挖掘中国古代管理文化资源，归纳中国管理哲学的基本特征，结合时代条件构建中国管理哲学的理论框架。他对管理哲学理论与实践娓娓道来，可见对中国哲学和管理思想运用自如的程度，而实现这种学术功力的重要理念正是实学精神，不空谈，既讲"道"，又讲"艺"，表明中国管理哲学是真正的有用之学。

中国哲学研究领域有关于"照着讲""接着讲""自己讲"的说法，我觉得葛老师主要是"接着讲"和"自己讲"，这在一定程度上体现了人大哲学学者的一种风格。站在时代前列，面对时代问题，"本于思，造于道"，以思想的方式回答时代问题，必然要在前人的基础上提出体现时代精神的自我主张，葛老师关于实学和管理哲学的研究体现的学术创新，反映了饱满的问题意识和时代性。我最近读到他关于老子的"不争之德"和"蓝海战略"的文章，更深刻地感到这一点。他谈到，"蓝海战略"的基石是"价值创新"，"价值创新"不是为了打倒竞争对方，而是为了让竞争变得毫无意义；不是局限于现有的市场空间竞争，而是力图创造没有竞争的市场空间；不是利用现有需求，而是寻求潜在的新的市场需求。以老子的"不争之德"思想为现代"蓝海战略"提供哲学根据，这些看法体现了"接着讲""自己讲"的特点。

最近两年，由于身体原因，葛老师出门散步的时间比较少了，我见到他的次数也不多，偶尔见面虽不能听他谈学论道，但还能直接感受到他的慈祥和热情。我曾和王杰老师与干春松老师说，今年要专门看望葛老师，祝他健康长寿。我们今天召开这次学术研讨会，是对葛荣晋教授从教65周年最好的祝贺。从议程看，与会的各位专家学者将深情讲述葛老师的学术人生和他开创的学术道路，刚才我所谈的对葛老师学术思想的初步理解，大概体现了求实事求是之道，治经世致用之学的特点，我想这也是葛老师开创的实学研究应有的学术特质。

最后，预祝本次会议圆满成功，祝各位领导和各位同仁身体健康、万事如意。谢谢大家！

（臧峰宇，中国人民大学哲学院院长、教授）

# 葛荣晋教授的学术道路与学术贡献

## 李伟波

转眼间，导师葛荣晋教授离开我们已有三月，先生的音容笑貌宛若眼前，先生的谆谆教导言犹在耳，先生的学问志业亦时时激励我们笃学精进。我想我们对先生最好的纪念，就是重温先生的道德文章，梳理先生一生的学术道路和学术贡献，继承和弘扬先生的学术思想。谨作此文，以志纪念。

葛荣晋（1935年8月14日—2023年1月8日），河南济源人，中国著名的哲学家、中国实学史专家、中国管理哲学专家。生前任中国人民大学哲学院、国学院教授，中国哲学、中国管理哲学博士生导师，曾任中国实学研究会创会会长、中华孔子学会副会长、中国人民大学东方文化研究所所长、韩国国际南冥学会副会长等，1993年被评为国家有突出贡献的中青年专家，享受国务院政府特殊津贴。

葛荣晋教授是中国实学研究的开创者和领军人物，长期致力于中国哲学史、中国实学思想史的研究，在中国实学、东亚实学、管理哲学等研究领域极富创见，取得了一些具有开创性的学术成就，产生了广泛而深远的社会影响。除此之外，他在道家思想、马克思主义中国化等研究领域，也有着丰硕的研究成果。

总体而言，这些研究成果，体现了葛荣晋教授一贯的研究旨趣和特征，即特别注重并强调中国哲学的创新性、经世性和时代性，其治学宗旨呈现出儒道兼综、中马会通、求新求实、与时俱进的鲜明特征。

# 一 葛荣晋教授的学术道路

葛荣晋教授于 1956 年考入中国人民大学哲学系,1960 年 3 月毕业并留校任教,服从学校安排,从事马克思主义哲学的教学和科研工作,讲授"关于费尔巴哈的提纲""反杜林论""哥达纲领批判""哲学笔记"和"唯物主义和经验批判主义"等课程。改革开放之后,葛荣晋教授转入中国哲学教研室工作,从此,中国哲学的教学与研究,便成为他毕生的事业。

葛荣晋教授在长达 60 余年的教学与科研生涯中,先后为中国人民大学和其他院校主讲过多门专业课程。自 1979 年至 1984 年,为中国人民大学哲学系和历史系、中国人民大学第一分校、北京师范大学哲学系、北京钢铁学院哲学师资班等,讲授"先秦哲学""汉唐哲学""宋明理学"和"近代哲学"等课程。1985 年至 1987 年,在中国人民大学哲学系讲授"中国哲学史原著选读""明代哲学""王廷相的认识论范畴"。1988 年至 1993 年,为中国人民大学哲学系研究生讲授"明清实学思潮史""孟子字义疏证""中国哲学范畴史",为中国人民大学研究生、北京市委党校研究生、中国社会科学院研究生讲授"孟子字义疏证""中哲史专题讲座"。1993 年,在中国人民大学面向全校讲授"中国哲学范畴史"及前沿课"关于中国实学的几个问题"。1995 年至 2000 年,为中国人民大学全校博士生讲授前沿课"中国实学""中国传统文化概论""道家文化与二十一世纪"等课程。葛荣晋教授于 2001 年退休,自 2002 年至 2013 年,先后被中国人民大学哲学院、国学院返聘担任博士生导师,继续培养中国哲学、中国管理哲学专业的博士生。

葛荣晋教授在 60 余年的学术生涯中著述不辍,成果斐然,在海内外出版学术著作 29 部,发表学术论文 454 篇,主持国家级、省部级研究项目多项,获国家级、省部级奖励多项,应邀赴海内外学术机构讲学 65 次,应邀主持和参加海内外学术会议 213 次,向企事业单位、社会大众普及中华优秀传统文化 119 次。

## 二 葛荣晋教授的学术贡献

从学术兴趣和学术成果来看，葛荣晋教授在多个研究领域，都取得了令人瞩目的研究成果。他在中国哲学领域的代表著作有《王廷相和明代气学》《王廷相生平学术编年》《陆世仪评传》《中国哲学范畴史》《中国哲学范畴通论》《儒道智慧与当代社会》等，被学术界誉为中国哲学范畴研究领域具有方向性意义的开拓之作。

在实学研究领域的代表著作，有《中国实学文化导论》《中国实学思想史》《明清实学思潮史》《明清实学简史》《韩国实学思想史》《中日实学史研究》《晚清经世实学》《实学文化与当代思潮》等，其本人被海内外学界公认为中国实学研究的开创者和领路人之一。

在中国管理哲学领域的代表著作，有《孙子兵法与企业经营谋略》《中国哲学智慧与现代企业管理》《中国管理哲学导论》《中国管理哲学通论》《老子的商道》等，其本人被学术界和企业界誉为"中国管理哲学第一人"，《中国哲学智慧与现代企业管理》《中国管理哲学导论》则被誉为"中国管理哲学奠基之作"。

2014 年，中国社会科学文献出版社出版的十二卷本《葛荣晋文集》（七百余万字）和中国人民大学出版社出版的四卷本《葛荣晋学术论著自选集》（二百余万字），集中反映了葛荣晋教授一生的学术成果。

应当说，葛荣晋教授的学术贡献是多方面的，他不仅是中国实学研究的开创者和引领者，还是中国管理哲学的开拓者、道家文化研究的推动者、马克思主义中国化的探索者、实学研究团体的创立者和发展者。

### （一）中国实学研究的开创者和引领者

葛荣晋教授最受学界瞩目的研究成果，当属中国实学研究，他毕生研究并倡导中国实学文化，同时也是实学精神的践行者，待人待物表现出很强的经世态度。可以说，他是真正将学术研究与立身行事融合起来的哲学家。

早在 20 世纪 80 年代初，就有学者开始用"实学"概括明清时期的思想流派，葛荣晋教授不仅提出了"实学"、明清实学思潮的学术观点，还进一步构建了中国实学研究的思想体系，丰富了中国哲学研究的学术形态和研究内容。按照时间脉络和研究成果，葛荣晋教授的实学研究大致可以划分为四个研究阶段，在每个研究阶段，有其不同的研究重点。

第一研究阶段（1985—1989）的重点，是明清实学和明清实学思潮研究。葛荣晋教授最早的实学研究成果，可以追溯到 1986 年，他在《船山学刊》《晋阳学刊》分别发表了《论明清实学的基本特征》（署名力涛）、《明清社会变迁和实学思想的变化》。

他在《论明清实学的基本特征》这篇文章里，第一次明确提出：明清实学的基本特征是突出一个"实"字，即"实体""实理""实政""实教""实心""实念""实才""实功""实言""实行""实习""实践""实用""实风"等，将明清实学界定为"以空谈心性为基本特点的理学的对立物"，认为要求打破陈腐的经学、理学以及旧礼教、旧传统的束缚，是当时地主阶级改革派的自我批判和市民意识的表现和反映，是一个多层次、多角度的具有丰富的社会内容的社会思潮，并提出对明清实学的思想价值应予以重视。这篇文章从各个角度对实学范畴给予了界定，肯定了明清实学的早期启蒙思潮、个性解放和人文主义思潮、经世致用思潮等合理成分，在当时的学术界是非常具有前瞻性的。

1989 年，他与陈鼓应先生、辛冠洁先生主编的三卷本《明清实学思潮史》（全书 126 万字）由齐鲁书社出版，该书以人物为纲，系统阐述了明中叶以后出现的明清实学思潮，首次提出了"明清实学思潮"的概念，确定了明清实学思潮应有的历史地位，是对明清实学研究的深化和拓展。该书是海内外学术界第一部有关明清社会思潮专题研究的论著，也是海峡两岸学者第一次在社会科学领域合作研究的成果。该书以其开创之功，获全国古籍优秀图书奖一等奖（1992）、全国"光明杯"优秀学术著作二等奖（1991）。

第二研究阶段（1989—1994）的重点，是中国实学思想研究。葛荣晋教授在实学研究领域的另一重要贡献，就是对中国实学思想史的研究，他并不囿于明清实学思潮的研究范畴，而是将研究视域扩展至中国实学研究，开拓性地构建了中国实学思想史较为完整的思想体系和丰富内容。

1994 年，葛荣晋教授主编的三卷本《中国实学思想史》（全书 135.8 万字）由首都师范大学出版社出版，该书是其承担的国家社会科学基金项目"中国实学思想史"的研究成果，书中明确将中国实学定义为一种"实体达用之学"，对中国实学思想的发展脉络进行了系统的梳理，是第一部全面系统论述中国实学思想史的学术著作，填补了中国学术史与东方实学研究的空白，该书既是对中国十多年实学研究的一次总结，又为未来的实学研究开拓了新领域和新方向，在中国实学研究领域具有重要的里程碑意义。

至此，从《明清实学思潮史》问世，到《中国实学思想史》的出版，长期以来隐而不显的"实学"成为学术界的"显学"。《中国实学思想史》开创了中国实学思想史的学科体系，出版后得到了海内外学术界的高度关注和广泛好评，获第九届中国图书奖（1995）、教育部优秀学术著作奖（1995）、北京市第四届哲学社会科学优秀成果奖一等奖（1996）、北京市优秀图书社科类二等奖（1994）等奖项。

第三研究阶段（1994—2002）的重点，是东亚实学思想研究。在这一研究阶段，葛荣晋教授将研究视域从中国实学研究，拓展至整个东亚实学研究，对日、韩实学思想进行了系统而深入的研究。

早在 20 世纪 90 年代初，他就已经关注东亚实学思想并形成了一些研究成果。1992 年，葛荣晋教授主编的《中日实学史研究》由中国社会科学出版社（中文版）、日本京都思文阁（日文版）出版，该书由中、日学者分别按"中国编""日本编"撰写，两国学者在实学观点上虽有差异，但并不妨碍两国学者之间的实学文化交流。

2002 年，葛荣晋教授主编的《韩国实学思想史》（全书 40.1 万字）由首都师范大学出版社出版，这是中国人第一次按照自己的治学理念和研究方法，从哲学的角度，系统研究朝鲜实学思想的一部大跨度、大容量的学术专著，这部著作在经典解读、结构方法、内容含量和研究深度等方面，都具有较高的学术水平，在中、韩文化交流史上堪称重彩之笔，得到了中、韩学术界的高度认可。该书开拓了中国学术研究的新视野，将韩国实学定位为儒学发展的一个阶段、一种形式，赋予中国实学和韩国实学一体化的理解，探索了中国学术思想海外传播的新思路，产生了良好的社会影响。

第四研究阶段（2002—2018）的重点，是哲学创新和新实学构建研究。葛荣晋教授基于张岱年先生"哲学综合创新"的观点，将"哲学创新"视作学术研究的生命，并赋予"哲学创新"两重含义。

一是要敢于对现存哲学思维定式提出挑战，敢于大胆提出新观点。而葛荣晋教授本人在面对很多质疑的情况下，大胆提出并研究中国实学，创造性地构建了中国实学思想体系，表现出很大的哲学创新的勇气。

二是要根据时代精神和社会发展的现实需求，大胆地创建新的哲学流派和新的哲学思想体系。如葛荣晋教授在2003年出版的《中国实学文化导论》，便是从文化学的角度，阐述和研究中国实学的新的尝试。

对于未来实学研究的方向，葛荣晋教授也作了前瞻性的思考，探索如何在社会转型期实现中国传统实学的现代转化，由此提出了构建中国新实学的历史使命。他在《构建中国"新实学"》一文中提出"新实学"新在两点：一是要准确全面地把握时代精神，回答并解决时代提出的各种新问题；二是要超越"旧实学"的理论架构，按照新的研究范式和诠释方法构建"新实学"，强调构建中国"新实学"，必须准确地把握时代精神，提高文化自觉意识，走哲学综合创新之路，坚持多元诠释学的方法。《构建中国"新实学"》为未来实学研究的发展指明了方向，具有重要的现实意义。

### （二）中国管理哲学的开拓者

葛荣晋教授另外一个颇具影响的学术贡献，便是中国管理哲学研究，他是中国管理哲学的开拓者、倡导者和引领者，将中国古代文化特别是儒家、道家、兵家、法家中的管理哲学思想资源，与中国当代社会的现实需求结合起来，提出了"创造性转化、创新性发展"的古典管理智慧的现代诠释路径，构建了中国式的管理哲学思想体系，先后出版了《孙子兵法与企业经营谋略》《中国哲学智慧与现代企业管理》《中国管理哲学导论》《老子的商道》和《道商：老子的水性管理》《儒商：孔子的德性管理》《法商：韩非子的刚性管理》、《兵商：孙子的智性管理》（DVD光盘）等，被学界和商界誉为"中国管理哲学第一人"。

葛荣晋教授强调中国管理哲学既不能照搬西方的管理模式，也不能全盘继承中国古代的管理思想，而是应当考虑当今中国社会的现实需要，按照"以我为主，合璧中西，会通古今，自成一家"的原则，构建适应中国特色社会主义市场经济的具有中国特色的管理哲学体系。

他依据中国传统文化崇尚人文精神、伦理道德和中庸和谐的价值理念与德性传统，把中国管理哲学界定为一种"人学"，即是以人为本的"正己正人之学"或"修己治人之学"，强调管理主体的道德修养和人格塑造，将其塑造为有道德、有智慧、有理想的"全面人"。

"人"既是中国管理哲学的出发点，也是落脚点。中国管理哲学既强调管理者"正己"的自我管理，又强调管理者管理他人的"正人"，其中"正己"的自我道德修养更为重要。葛荣晋教授将中国古典哲学与现代企业管理理念相融通所开创的"人学"管理理念新颖而独特，开拓出中国管理哲学研究的新领域。

### （三）道家文化研究的推动者

葛荣晋教授在治学之初，便对道家思想文化有着浓厚的兴趣，其早期研究成果不乏道家与道教研究。

早在 1979 年，葛荣晋教授就在山东人民出版社出版的《中国哲学史论文集》中发表了《〈黄老帛书〉哲学思想初探》一文。在 20 世纪 80 年代，他又陆续发表了《鲍敬言的"无君论"是农民阶级的政治学说吗?》《试论黄老帛书的"道"和"无为"思想 》《稷下学散论》《仲长统思想研究》《〈黄帝内经〉哲学思想初探》等一系列道家学术论文，后续在海内外发表了《站在道家文化研究的前沿》《王屋山与道教》《"道家热"正在兴起》《老庄的气功思想》《先秦道家气本论思想》《道家哲学对现代医学的启示》《道家的生态智慧与环境保护》《道家文化的现代社会价值》等一系列丰硕的研究成果。

20 世纪 90 年代初，在日本出版了《老子还活着》《你好老子》等书，极大地推动了道家思想文化在海内外的广泛传播。1991 年，葛荣晋教授主编的《道家文化与现代文明》由中国人民大学出版社出版，该书在中国台湾和日本分别出版了繁体字版和日文版，系统阐述了道家思想文化在当今社会的现代价值，认为"在当代社会的各个领域，老子及其道家思想的灵魂，还在以各种不同方式发生着这样或那样的作用，渗透在各个生活领域和学术领域，具有重要的社会价值"。我对该书印象颇深，本科时在学校图书馆阅读该书后，便对道家思想产生了浓厚的兴趣，在此影响下，我在硕士阶段选取了黄老道家的研究方向。

1996 年，葛荣晋教授《儒道智慧与当代社会》一书由中国三峡出版社出版，该书由历史向现实，由理论向实践，揭示了传统道家思想文化的现代价值及其现实转化路径，体现了道家文化研究的经世精神，该书获北京市第五届哲学社会科学优秀成果奖二等奖（1998）。

2011 年，葛荣晋教授《老子的商道》一书由辽宁出版社出版。2015 年，中国人民大学出版社出版了《道学二十讲：老子的人生智慧》一书。

与实学研究一样，葛荣晋教授的道家文化研究，亦强调研究的时代性和现实性，把道家思想与现实生活结合起来，从多角度、多层面探索道教思想文化的现代价值，注重道家思想智慧对现代社会困境的化解功能，从而赋予道家思想强大的生命力。他对于道家生态伦理思想的思考和研究，对于当今社会生态文明建设，也有着重要的启示意义，推动了道家文化研究的新进展。

**（四）马克思主义中国化的探索者**

葛荣晋教授在中国人民大学任教之初，曾长期教授马克思主义哲学，这段教学经历，对于他日后转向实学研究或许有些影响。

马克思主义哲学与实学共同具有实践性、现实性、实事求是、民本主义等思想特质，在"经世致用"精神上也有一脉相通之处，基于此，马克思主义哲学与实学的会通，也就有了内在的学理上的可能性。这就不难理解，为何葛荣晋教授的学术研究，特别注重经世致用、现实民生、中西文化关系、马克思主义中国化等问题的讨论，包括后来提出的以马克思主义构建现代"新实学"的观点。

在《马克思主义与构建现代"新实学"》一文中，他阐述了马克思主义与中国实学相结合的内在可能性。其一，马克思主义哲学中国化虽然应吸收中国古代哲学中的一切合理成分，但是马克思主义哲学中国化的主要对接点，理应是中国古代实学，这是毋庸置疑的。其二，中国古代实学的现代化，即由"旧实学"转变为"新实学"，虽然应当容纳古今中外哲学的一切积极思维成果，但是马克思主义的指导作用在其中是最为重要的。其三，马克思主义和中国古代实学基本上同属于"外王之学"，在唯实性和实践性上有许多相通之处。所以，从 20 世纪开始，把马克思主义与中国传统哲学特别是实学相结合，创建新实学思想体系，便是现代中国哲学创新的一项重要研究课题。

### （五）实学研究团体的创立者和发展者

葛荣晋教授不仅带头创立了中国实学研究会，还不遗余力地推动中国实学研究会的发展壮大。

中国实学研究会创立初期，规模不大，活动经费也比较紧张。中国实学研究会很多事务他都亲力亲为，至今我仍然记得中国实学研究会成立 10 周年纪念大会前夕，我与先生一道联系会场会务、商定接送张岱年先生等事宜的景象。即便如此，先生始终坚定不移地举办中国实学大会和东亚实学国际论坛，持续不断地推动中国实学研究会的发展壮大。

中国实学研究会自成立以来，先后举办了第二届东亚实学国际学术研讨会（1992 年 10 月）、第五届东亚实学国际学术研讨会（1998 年 10 月）、"张载关学与实学国际学术研讨会"（1999 年 9 月）、"二程洛学与实学国际学术研讨会"（2002 年 8 月）、"中国实学研究会成立十周年庆祝大会"（2002 年 10 月）、"中国实学研讨会"（2003 年 8 月）、"程朱思想与徽州文化国际学术研讨会"（2003 年 11 月）、第八届东亚实学国际学术研讨会（2004 年 11 月）、"儒学与实学国际学术研讨会"（2006 年 8 月）、"张载关学与东亚文明国际学术研讨会"（2007 年 10 月）、第十一届东亚实学国际学术研讨会（2011 年 7 月）、"中国实学研究会成立 20 周年纪念大会暨构建新实学研讨会"（2012 年 10 月）、"葛荣晋教授从教 55 周年大会暨中国哲学创新论坛"（2014 年 6 月）、"儒家历史观与经世致用思想"（2014 年 7 月）等。

葛荣晋教授提出要继续加强与日、韩同行的合作，尽快成立东亚实学联合会，在构建东亚实学研究体系、促进东亚实学文化交流等方面，作出了重要贡献，推动了中、日、韩三国之间的学术交流，中、日、韩三国学术团体形成了每两年轮流举办一届"东亚实学国际学术研讨会"的学术交流机制。

1990 年在汉城举办了第一届东亚实学国际学术研讨会，1992 年在中国山东举办了第二届东亚实学国际学术研讨会，1994 年在日本举办了第三届东亚实学国际学术研讨会，这一定期在三国之间轮流举办的国际论坛迄今已成功举办了十六届，极大地鼓舞了东亚地区的实学交流和实学研究。

可喜的是，今日中国实学研究会蒸蒸日上，实学研究进入越来越多的人的视野，得到越来越多的学界同仁的认同和支持，中国实学研究会规模日益扩大、学会会刊出版、学会官网和公众号持续传播。记得中国实学研究会成立25周年纪念大会会后，先生看着会议合影，不时感慨会议规模之大，学会成员之多，欣慰之情溢于言表。

在先生逝世近百天之际，重温先生的学术道路和学术贡献，其孜孜不已的治学精神，将激励我们在实学研究的道路上继往开来，开创实学文化研究的新局面。

谨以此文表达我对先生的缅怀之情。

（李伟波，北京青年政治学院副教授，中国实学研究会理事）

# 戴震义理之学中的"尽实致知"思想*

## 王 杰

**摘 要** "尽实致知"乃戴震义理之学的重要组成部分,它既是对程朱"心具万理而应万事"思想及陆王"格物致知"学说的批判,也是对王夫之在认识论方面不彻底性的纠偏和补充。本文从认知主体:耳目鼻口之官与心之能;认知路径:由"精爽""蒙昧"到"神明""圣智";就事求理:区分"真理"和"意见";问学之道:学贵扩充,重问学以及获取真理之途径:"去私"与"解蔽"五个方面,对戴震义理之学中的"尽实致知"思想作一番阐释。

**关键词** 义理之学 尽实致知 就事求理 获取真理的途径

在戴震义理之学系统中,"性"是沟通和连接天道与人道系统的媒质和桥梁,这就为戴震尽实致知的认识论思想在理论上和逻辑前提上奠定了基础。作为自然客体的天道与作为认知主体的人道尽管有"性"为之沟通,但这种理论预设并没有论证和说明认知主体是如何接受、认知和反映自然客体的。换言之,把这一认识论问题转换到戴震的义理之学,那么我们就面临这样一个问题:戴震在其义理之学中强调的"闻道""闻义理"是如何可能的?作

---

* 本文原刊于《哲学研究》2007年第3期。

为一位自觉建构其义理思想体系的思想家，必须对这一问题作出自己的回答。

戴震的认识论思想是他元气实体思想在认识论领域的进一步拓展和深化，同时也是其自然人性思想在认识论领域的进一步深化和展开。戴震在认识论上坚持了一条从自然外物到感觉认识再到思想构成的认知程式。很显然，戴震的这种认知程式既是对程朱"心具万理而应万事"思想及陆王"格物致知"学说的批判，也是对王夫之在认识论方面不彻底性的纠正和补充。

# 一　认知主体：耳目鼻口之官与心之能

在认知主体与认知客体的关系问题上，戴震认为，外部自然所具有的特性不断作用于人的感官，引起了感官对外物的反映，但这种反映只是对外物表象的认识，它的基础是人的"血气"；要对这些万物表象进行分析、梳理并把握表象背后的内容，则需要"心"的参与，其基础便是人的"心知"。

戴震有一段话很准确形象地说明了这一问题。他说："味也、声也、色也在物，而接于我之血气；理义在事，而接于我之心知。血气心知，由自具之能，口能辨味，耳能辨声，目能辨色，心能辨乎理义。味与声色，在物不在我，接于我之血气，能辨之而悦之，其悦者，必其尤美者也；理义在事情之条分缕析，接于我之心知，能辨之而悦之；其悦者，必其至是者也。"①

戴震正确解决了认识器官与认识对象之间的关系问题。这段话表明：从认知的角度而言，"血气"与"心知"属于两个不同的认知层次。由前者产生的认知活动与认知主体的生理活动密切相关，它所反映的是声色臭味等见闻之知，"其悦者，必其尤美者也"；而由后者产生的认知活动与认知主体的心理活动密切相关，它所认知的已不再是事物的表象，而是事物之间的内在联系，是对事物的"条分缕析"后通过"心"的参与对"理义"的把握，它所寻求的不再是"尤美"的东西，而是真理性的知识，即"其悦者，必其至是者也"。前者以"尤美"为认知对象，反映的是事物的外部表象；后者以"至是"为认知对象，反映的是事物的内在本质。显然，这是两种不同层次的

---

① （清）戴震：《孟子字义疏证·理》，《戴震全书》卷六，黄山书社1995年版，第155—156页。

认知活动。

戴震提出认知主体的认知活动具有不同的层次，其意义就在于他把人的认知活动建构在人的血气心知的基础之上。那么，如何判定外物所具有的表象特征不是个人的主观认定呢？

戴震提出这个问题是针对程朱、陆王而发的。他说："耳之于声也，天下之声，耳若其符节也；目之于色也，天下之色，目若其符节也；鼻之于臭也，天下之臭，鼻若其符节也；口之于味也，天下之味，口若其符节也。耳目鼻口之官接于物，而心通其则。心之于理义也，天下之理义，心若其符节也。"①

就是说，外物之声色臭味并非主观的认定，而是天下认定的客观存在，认知主体之耳目鼻口之官与外物之声色臭味若合符节，就证明外物表象特征的存在不是主观认定的，而是客观存在的。同样，"心之于理义"也是这样，理义是不是真理性认识，要看与"心"是否相契，是否若合符节，"心"是检验理义是不是真理性认识的符节。

戴震认为，心之于理义，就像耳目鼻口之于声色臭味一样，都是根于人性的认知活动，"皆内也，非外也"。"心"虽与耳目鼻口具有不同的认识功能，但"心"作为思维器官，能够支配感觉器官，戴震形象地把人的感觉器官称为"臣道"，把人的思维器官称为"君道"。"耳目鼻口之官，臣道也；心之官，君道也。臣效其能而君正其可否。"②"心"作为"君道"是驭使和统率耳目鼻口等"臣道"的，"心"虽能"主乎耳目百体"，但却不能替代耳目百体的功能与作用，在认知活动中，它们各自具有自己的职能。天地之间的声色臭味，通过人的感官得到反映，感官就是人认识外界自然的门户或通道。但感官所获得的感性认识正确与否，要由"心"为之裁断判定。

戴震说："心能使耳目鼻口，不能代耳目鼻口之能，彼其能者各自具也，故不能相为。人物受形于天地，故恒与之相通。盈天地之间，有声也，有色也，有臭也，有味也；举声色臭味，则盈天地间者无或遗矣。外内相通，其开窍也，是为耳目鼻口。……血气各资以养，而开窍于耳目鼻口以通之，既于是通，故各成其能而分职司之。……举凡身之嗜欲根于血气明矣，非根于

---

① （清）戴震：《读孟子论性》，《戴震全书》卷六，黄山书社1995年版，第350页。
② （清）戴震：《孟子字义疏证·理》，《戴震全书》卷六，黄山书社1995年版，第158页。

心也。"①

戴震还举例来说明人的感官之间的各司其职,"瞽者,心不能代目而视;聋者,心不能代耳而听,是心亦限于所分也"②。感官的职能是"接于物",而心的职能是"通其则"。心知要高于感官之知。感官之知只是认识事物的表象,而心知则能透过事物表象认识事物的本质。"心"作为思维器官是认识的核心,"耳目百体会归于心"。

戴震关于耳目鼻口为臣道、心为君道的思想,君道统御臣道的思想以及人的感官之间各有其职能的思想,在中国认识论思想中古已有之,如在荀子那里,这一思想就已相当完备。戴震重申中国早期的认识论观点,强调人的所有认识活动都是根于人的血气心知,都是在对外界自然的反映中获得的,其目的主要是与程朱理学的认识论观点划清界限,是出于对程朱理学批判的需要。

因此,在认识的来源与阶段问题上,戴震坚持了正确的认识路线。但应指出的是,戴震在强调"心"的重要作用的同时,对"心"的认识功能自觉不自觉地给予了"神化",以为"人之神明出于心,中正无邪,其明德与天地合矣"。甚至诚、道、命等也是在"心"的参与下达到了与天地合,这样,戴震在论"心"时,就突破了认识论的范围,带有一定神秘直观的色彩,这可以说是一切旧唯物主义者所具有的历史和阶级局限性。

## 二 认知路径:由"精爽""蒙昧"到"神明""圣智"

戴震在明确了人的感觉器官与思维器官各自的职能后,更进一步,还提出了人的认识是一个不断深化的过程。

戴震在肯定感觉器官感知外物的同时,认为人的认识仅仅停留在这一阶段是不够的,还必须进入更高的认识阶段。戴震认为,心之"精爽"如火光之照物,有巨细之别,人的认识也有远近、明暗之分。戴震在"血气心知"

---

① (清)戴震:《孟子字义疏证·理》,《戴震全书》卷六,黄山书社1995年版,第158页。
② (清)戴震:《答彭进士允初书》,《戴震全书》卷六,黄山书社1995年版,第357—358页。

的基础上，把"心知"分为两种：一是"精爽"，一是"神明"。"凡有生则有精爽"。当"精爽"进入"聪明睿圣"时，人的认识便达到了"神明"的阶段。

戴震认为，人的认识是一个不断由"精爽"进到"神明"的过程，即由知性进到理性的过程。他说："心之精爽，有思则通。……故孟子曰：'耳目之官不思，心之官则思。'是思者，心之能也。精爽有蔽隔而不能通之时，及其无蔽隔，无弗通，乃以神明称之。凡血气之属，皆有精爽。其心之精爽，巨细不同，如火光之照物，光小者，其照也近，所照者不谬也，所不照斯疑谬承之，不谬之谓得理；其光大者，其照也远，得理多而失理少。且不特远近也，光之及又有明暗，故于物有察有不察；察者尽其实，不察斯疑谬承之，疑谬之谓失理。……人之异于禽兽者，虽同有精爽，而人能进于神明也。理义岂别若一物，求之所照所察之外；而人之精爽能进于神明，岂求诸气禀之外哉！"① 神明作为人的高级思维形式，可以裁定耳目感觉知识的正确与否即"定其可否"；同时，神明作为人的高级思维形式，也是人区别于禽兽的根本标志。

戴震进一步强调说："然闻见不可不广，而务在能明于心。一事豁然，使无余蕴，更一事而亦如是，久之，心知之明，进于圣智，虽未学之事，岂足以穷其智哉！……心精于道，全乎圣智，自无弗贯通，非多学而识所能尽；苟徒识其迹，将日逐于多，适见不足。"②

戴震这段话主要是要说明，闻见之知固然不可或缺，但明于心更为重要可靠。只要明于心，精于道，对事物的认识就会豁然贯通，从而达到由"精爽"进到"神明"的思维飞跃。在"神明"阶段，人心便显示出特有的认知功能，能够"通于理义"。"举理，以见心能区别；举义，以见心能裁断。""区别""裁断"都是心知所具有的理性认知能力。在这里，戴震指出了人心能够认识一切已知或未知的事物（当然也包括"道"和"义理"），从这一点来说，戴震把人这种独具的不同于其他万物的自然禀赋归结为"性善"。

戴震还指出，人的认识不但是一个由"精爽"进到"神明"的发展过

---

① （清）戴震：《孟子字义疏证·理》，《戴震全书》卷六，黄山书社 1995 年版，第 156 页。
② （清）戴震：《孟子字义疏证·权》，《戴震全书》卷六，黄山书社 1995 年版，第 213 页。

程，还是一个由"自然"进到"必然"的过程。他说："必然之于自然，非二事也。就其自然明之尽而无几微之失焉，是其必然也。""人之异于物者，人能明于必然，百物之生各遂其自然也。"

戴震所谓必然，就是理，就是对自然"明之尽而无几微之失"的认识，是更高层次的理性认识。最后，戴震还把人的认识看作一个由"蒙昧"进到"圣智"的扩充过程。通过学习，人的认识就能由"狭小"到"广大"，由"暗昧"到"明察"，并"极而至乎圣人之神明"。

## 三 就事求理：区分"真理"和"意见"

针对程朱所谓的"理得于天而具于心"的"冥心求理"方法，戴震提出了"就事求理"的认识方法。戴震反复强调"理"存在于客观事物之中，而人心有辨知客观之"理"的能力，离开了客观事物，就无所谓声色臭味，也无所谓理义，因此，正确的做法就是"就事求理"，而不是像程朱那样"冥心求理"。

那么，何者为"理"？如何判断所求之"理"为"真理"抑或"个人之意见"？在戴震所处之时代，以个人之"意见"为"理"的现象普遍存在，"尊者以理责卑，长者以理执幼，贵者以理责贱，虽失，谓之顺；卑者、幼者、贱者以理争之，虽得，谓之逆。于是下之人不能以天下之同情、天下之所同欲，达之于上；上以理责其下，而在下之罪，人人不胜指数。人死于法，犹有怜之者；死于理，其谁怜之！"①

由于"今人无论正邪，尽以意见名之曰理而祸斯民"，戴震怀着强烈的社会责任感作《孟子字义疏证》，认为有必要澄清"真理"和"个人之意见"之间的是是非非。他说："昔人知在己之意见不可以理名，而今人轻言之。夫以理为'如有物焉，得于天而具于心'，未有不以意见当之者也。今使人任其意见，则谬。……未有任其意见而不祸斯民者。"②

---

① （清）戴震：《孟子字义疏证·理》，《戴震全书》卷六，黄山书社1995年版，第161页。
② （清）戴震：《孟子字义疏证·理》，《戴震全书》卷六，黄山书社1995年版，第155页。

在这里，戴震所讲的"意见"就是指主观的偏见，而他所使用的"理"就是指真理，即对客观事物的真理性认识。他说："天地、人物、事为，不闻无可言之理者也。《诗》曰'有物有则'是也。……举凡天地、人物、事为，求其必然不可易，理至明显也。""理义非他，可否之而当，是谓理义。然又非心出一意以可否之也，若心出一意以可否之，何异强制之乎！是故就事物言，非事物之外别有理义也；'有物必有则'，以其则正其物，如是而已矣。就人心言，非别有理以予之而具于心也；心之神明，于事物咸足以知其不易之则，譬有光皆能照，而中理者，乃其光盛，其照不谬也。"①

可见，"理"不是超越事物之上的独立精神实体，而是事物自身之"理"，所谓理义，是指客观事物的条理、法则而言，而不是"心出一意以可否"。若以此来裁定事物之条理、法则，则只能是主观之冥想与个人之意见，这既是戴震在认识领域关于"真理"和"意见"的明确表述，也是戴震与程朱理学在认识领域的根本分歧。

戴震还以"火光照物"来譬喻人们认识真理的过程。人的认识如光之照物，只要方法合理得当，就会使所照之物清晰可见而无谬误，舍此而求事物之理，只能是主观之意见，而不是公众认可之真理。"真理"与"意见"是针锋相对的，只有"不谬"的认识才是真理。他说："如火光之照物，光小者，其照也近，所照者不谬也，所不照斯疑谬承之，不谬之谓得理。""察者尽其实，不察斯疑谬承之，疑谬之谓失理。"② 人的认识，就是在不断追求外在自然的规律中把握规律，"事物之理，必就事物剖析至微而后理得"。

戴震认为，判断"真理"和"意见"的根据和标准是"心之所同然"，即绝大多数人的共同看法。他说："心之所同然始谓之理，谓之义；则未至于同然，存乎其人之意见，非理也，非义也。凡一人以为然，天下万世皆曰'是不可易也'，此之谓同然。举理，以见心能区分；举义，以见心能裁断。分之，各有其不易之则，名曰理；如斯而宜，名曰义。是故明理者，明其区分也；精义者，精其裁断也。不明，往往杂于偏私而害道。求理义而智不足者也，故不可谓之理义。自非圣人，鲜能无蔽；有蔽之深，有蔽之浅者。人

---

① （清）戴震：《孟子字义疏证·理》，《戴震全书》卷六，黄山书社1995年版，第158页。
② （清）戴震：《孟子字义疏证·理》，《戴震全书》卷六，黄山书社1995年版，第156页。

莫乎蔽而自智，任其意见，执之为理义。吾惧求理义者以意见当之，孰知民受其祸之所终极也哉！"① 他还说："故理义非他，心之所同然也。何以同然？心之明之所指，于事情区以别焉，无几微爽失，则理义以明。"②

戴震认为，任何人的认识都有可能出现偏差，圣人也不例外，所不同的只是在于"有蔽之深，有蔽之浅者"。唯其有蔽，人们在认识上往往容易出现错误，把一己之意见当作"真理"，结果必然"害于事，害于政"，从而给社会造成极大危害。

在戴震看来，程朱理学正是给社会造成极大危害的罪魁祸首。戴震说："宋以来儒者之言，以理为'如有物焉，得于天而具于心'……未有不以意见当之也。今使人任其意见则谬。""宋以来，儒者以己之见硬坐为古贤圣立言之意，而语言文字实未之知，其于天下之事也，以己所谓理强断行之，而事情源委隐曲实未能得，是以大道失而行事乖。""宋人则恃胸臆为断，故其袭取者多谬，而不谬者在其所弃。……有一字非其解，则于所言之意必差，而道从此失。"③

戴震不但区分了"真理"和"意见"的界限，对宋儒在认识上的错误进行了批判和清算，更进一步，戴震把对宋儒的批判由理论层面进入政治层面，使这一批判更加深入，更加具有针对性。"理"成为在上者的"玩物"，并以此欺压在下之广大民众。在上者处断任何事情，完全"凭在己之意见，是其所是，而非其所非"，使在下者有口难辩，结果造成"祸斯民"的惨烈局面。

戴震区分了"真理"与"意见"，这是戴震对认识论的进一步深化。但他以"心之所同然"作为真理标准却不恰当，这一点已被无数历史事实证明，检验真理的标准只能是社会实践，而不是大多数人的"心之所同然"。但瑕不掩瑜，戴震的批判仍具有重要的理论意义和现实意义，在某种意义上说，它不但是对程朱理学的挑战，而且是对整个封建制度不合理性的挑战，对19世纪近代思想的启蒙起到了认识上的先导作用。

戴震关于"尽实致知"的思想，从主体与客体两个方面解决了认知的基

① （清）戴震：《孟子字义疏证·理》，《戴震全书》卷六，黄山书社1995年版，第153页。
② （清）戴震：《原善》卷中，《戴震全书》卷六，黄山书社1995年版，第19页。
③ （清）戴震：《与某书》，《戴震全书》卷六，黄山书社1995年版，第495页。

本前提问题。从主体方面讲，并非如程朱所言有一个先验的"理义"存在于人心之中，人的感觉首先来自对客观外界的接触，外界之声色臭味作用于主体之耳目鼻口，理义在事情之条分缕析，接于我之心知，都说明了人的认识首先来自客观外界这一现实。心的作用就是对事物"条分缕析"，就是认识事物的"不易之则"，这样就与程朱"理得于天而具于心"及陆王"心即理"的思想划清了界限；从客体方面讲，无论是物之特性或物之理，都存在于事物之中，即事物之声色臭味及条分缕析"在物不在我"，而不是在事物之外别有物之特性或物之理，这样，戴震就在认识的根本问题上继承了中国传统的认识论思想精华，把对程朱理学的批判直接引进了认识论领域。

## 四　问学之道：学贵扩充，重问学

戴震指出，人们要使自己的认识接近客观事实，接近真理，最重要的一个条件就是不断学习，不断追求各种知识，戴震本人在这方面作出了很好的表率。

戴震把人的知识的获取比喻为一个人从食物中吸取养分从而不断成长壮大的过程。人的知识的获取不是一蹴而就的，而是要通过后天的学习使人的认识不断得到扩充。他说："人之初生，不食则死；人之幼稚，不学则愚；食以养其生，充之使长；学以养其良，充之至于贤人圣人，其故一也。"①

人的认识要不断扩充知识，知识的扩充过程与饮食滋养身体的过程在道理上是一致的，都是来自后天，而不是如程朱所言是"返其本""复其初"。戴震还说："试以人之形体与人之德性比而论之，形体始乎幼小，终乎长大；德性始乎蒙昧，终乎圣智。其形体之长大也，资于饮食之养，乃长日加益，非'复其初'；德性资于学问，进而圣智，非'复其初'明矣。……古贤圣知人之材质有等差，是以重问学，贵扩充。"②

戴震十分强调"重问学，贵扩充"，认为这是人由"狭小"变为"广

---

① （清）戴震：《孟子字义疏证·才》，《戴震全书》卷六，黄山书社 1995 年版，第 199 页。
② （清）戴震：《孟子字义疏证·理》，《戴震全书》卷六，黄山书社 1995 年版，第 167 页。

大",由"暗昧"变为"明察"的唯一途径。戴震在提出"重问学,贵扩充"的同时,还提出了"贵化"的思想。戴震十分反对那种"入而不化"的"记问之学",他认为心知之资于问学,犹如血气之资于饮食一样,只有吸收消化了,才能转化为人的知识,因此,贵扩充是以贵其化为前提的。"血气资饮食以养,其化也,即为我之血气,非复所饮食之物矣;心知之资于问学,其自得之也亦然。……苟知问学犹饮食,则贵其化,不贵其不化。记问之学,入而不化者也。"①

戴震还说:"学以牖吾心知,犹饮食以养吾血气,虽愚必明,虽柔必强。可知学不足以益吾之智勇,非自得之学也;犹饮食不足以增长吾血气,食而不化者也。"② 戴震强调后天学习极端重要性的思想,很明显受到了荀子重学思想的影响。③ 戴震还说:"惟学可以增益其不足而进于智……此《中庸》'虽愚必明',《孟子》'扩而充之之谓圣人'。"戴震所谓"学",不是死记硬背教条,不是向故纸堆讨生活,不是食而不化的记问之学,而是一种"益吾之智勇"的自得之学,是与"行"密切结合之"学"。这里,"学"的知识便与人的行为实践有机地结合了起来。

戴震重视"重问学,贵扩充",但是如何才能做到这一点,戴震认为"学"必须与"行"相结合才能取得预期的效果。注重"行"在认识过程中的地位和作用是王夫之特别是颜李学派的突出特征之一,在这一点上,颜李学派超过了以往任何一位思想家,因此,在中国思想史上,颜李学派又称践履学派。就此而论,戴望、梁启超、胡适等人认为戴学来自颜李学派不无道理。

但是,在知行问题上,戴震又不同于王夫之、颜李学派,他不主张先行后知,而是倾向于知先行后。戴震在认识论上不是空谈"知行合一",而是主张重行必先重知,既重知又重行,他反对空言心性的玄虚之学,力倡履而后知的实践之学。知识的获得是一个由理论到实践的过程,也即博学、审问、慎思、明辨、笃行的过程。人们认识外界自然的过程,就是一个不断实践的

---

① (清)戴震:《孟子字义疏证·理》,《戴震全书》卷六,黄山书社1995年版,第159页。
② (清)戴震:《与某书》,《戴震全书》卷六,黄山书社1995年版,第495页。
③ 有关内容参见《荀子·劝学》。

过程。人们认识的正确与否只有在实践中才能得到检验、修正、补充和发展。

但在戴震看来，并非所有"躬行实践"都是正确的，它也有正确与错误之分别，宋儒的"躬行实践"与杨、墨、老、释一样，都是错误的。他说："世又以躬行实践之儒，信焉不疑。夫杨、墨、老、释，皆躬行实践，劝善惩恶，救人心，赞治化，天下尊而信之，帝王因尊而信之者也。"①"凡异说皆主于无欲，不求无蔽；重行，不先重知。人见其笃行也，无欲也，故莫不尊信之。"②

戴震认为正确的知识能够指导人的行为，否则，人的行为便茫然无所措。为了强调"知"指导"学"，他反对那种"重行不先重知"的宋儒之学。但我们不能由此推断戴震重知不重行。戴震在强调"重知"的同时，仍然把"重行"放在十分重要的位置，把"行"看作"知"之始，认为"凡事履而后知，历而后难"③。戴震在阐释"致知在格物"时很明确地表达了这一观点。他说："其曰'致知在格物'，何也？事物来乎前，虽圣人当之，不审察，则无以尽其实也，是非善恶未易决也；'格'之云者，于物情有得而无失，思之贯通，不遗毫末，夫然后在己则不惑，施及天下国家则无憾，此之谓'致其知'。"④

戴震不但把"行"看作"知"之始，而且还把"行"作为检验真理的标准。他认为，人的认识正确与否，要靠身行来检验。"据其实而言谓之事，以本诸身行之不可废谓之道。""人伦日用之事，实贵诸身，观其行事。""凡言与行得理之谓懿德，得理非他，言之而是、行之而当为得理，言之而非、行之而非、行之而不当为失理。"⑤

这样，戴震就把认识的知与行辩证地统一了起来，肯定了人的认识来自客观外界，突出了人的正确认识对实践的指导意义。既反对了宋儒所谓"躬行实践"的重行轻知论，又反对了宋儒所谓不履而后知的不行而知论。戴震批判宋儒的目的就在于"无非使人求其至当以见之行"，而"求其至当，即先

---

① （清）戴震：《孟子字义疏证·权》，《戴震全书》卷六，黄山书社 1995 年版，第 217 页。
② （清）戴震：《孟子字义疏证·权》，《戴震全书》卷六，黄山书社 1995 年版，第 211 页。
③ （清）戴震：《与方希原书》，《戴震全书》卷六，黄山书社 1995 年版，第 376 页。
④ （清）戴震：《原善》卷下，《戴震全书》卷六，黄山书社 1995 年版，第 27 页。
⑤ （清）戴震：《孟子私淑录》卷上，《戴震全书》卷六，黄山书社 1995 年版，第 46 页。

务于知也"。他们表面上讲"躬行实践",劝善惩恶,实际上是只讲冥心求理、坐禅修行,不讲学问思辨、笃行实践,对社会对人心有百害而无一利。"愚人睹其功不知其害,君子深知其害也。"①

对戴震的"重知"思想,近代著名学者胡适给予了高度评价,他认为戴震的认识论紧紧抓住一个"知"字,坚持博学、审问、慎思、明辨而后笃行的认识过程,强调"重行必先重知"乃符合圣贤言学之意,视"重行不先重知"乃异端邪说。胡适认为"重知"思想正是戴学第一要义,是清代全盛时期哲学的突出表现。②

## 五 获取真理之途径:"去私"与"解蔽"

在认识论领域,戴震不但区分了"真理"与"意见",而且对"私"与"蔽"也作了明确分别。理学、心学都主张心中本含真理,由于"为私欲所蔽",故使心中之真理蔽障不显。针对这种观点,戴震指出,"私"与"蔽"是不同的两回事,不可混同视之。"私"是指欲望方面的事情,而"蔽"是指认识方面的事情。人生之大患,就在于"私"与"蔽"。

戴震有一段话很能说明这一观点,他说:"朱子亦屡言'人欲所蔽',皆以为无欲则无蔽,非《中庸》'虽愚必明'之道也。有生而愚者,虽无欲,亦愚也。凡出于欲,无非以生以养之事,欲之失为私,不为蔽。自以为得理,而所执之实谬,乃蔽而不明。天下古今之人,其大患,私与蔽二端而已。私生于欲之失,蔽生于知之失;欲生于血气,知生于心。因私而咎欲,因欲而咎血气;因蔽而咎知,因知而咎心。"③

他又说:"人之患,有私有蔽;私出于情欲,蔽出于心知。无私,仁也;不蔽,智也,非绝情欲以为仁,去心知以为智也。是故圣贤之道,无私而非无欲;老、庄、释氏,无欲而非无私;彼以无欲成其自私者也……凡异说皆

---

① (清)戴震:《与某书》,《戴震全书》卷六,黄山书社1995年版,第496页。
② 参见胡适《戴东原的哲学》,转引自(清)戴震《戴震全书》卷七,黄山书社1995年版,第414页。
③ (清)戴震:《孟子字义疏证·理》,《戴震全书》卷六,黄山书社1995年版,第160页。

主于无欲，不求无蔽。"①

在这里，戴震使"私"与"欲"相对，"蔽"与"知"相对，前者属于伦理道德的范畴，后者属于认识论的范畴。"私"为欲之失，人的贪邪之欲表现为私，私出于情欲；"蔽"为知之失，人无知即表现为蔽，蔽出于心知。戴震认为，程朱陆王、老庄释氏之根本错误就在于混淆了"私"与"蔽"、道德问题与认识问题的界限，因而只注重道德问题的践履，而忽视知识问题的探究。

戴震认为，在人的认识过程中，"私"与"蔽"是人生的两大祸患，由于人之私之蔽在思想、行为、政治上有种种怪异表现，因此，要去私，首先要加强自身的道德修养；要解蔽，首先要加强学习，扩充知识。只有这样，才能认识、掌握、获得真理，并用以指导人们的道德实践，从而达到去恶为善的目的。

如何解除人生两大祸患，使人达到一种正确的真理性认识，戴震提供了去私、解蔽的方法。他说："人之不尽其才，患二：曰私，曰蔽。私也者，生于其心为溺，发于政为党，成于行为慝，见于事为悖，为欺，其究为私己。蔽也者，其生于心也为惑，发于政为偏，成于行为谬，见于事为凿，为愚，其究为蔽之以己。……去私莫如强恕，解蔽莫如学。"②

在这里，戴震提出了两条重要的去私、解蔽方法，即"去私莫如强恕，解蔽莫如学"。何谓"强恕"？戴震说：天下"达德者三：曰智、曰仁、曰勇；所以力于德行者三：曰忠、曰信、曰恕。……忠则可进之以仁，信则可进之以义，恕则可进之以礼"。"圣人顺其血气之欲，则为相生养之道，于是视人犹己，则忠；以己推之，则恕；忧乐于人，则仁。"③ 概而言之，戴震之所谓"恕"即指"待人以礼"和"推己及人。"

戴震的逻辑是，只有强恕才能去私；只有去私才能达到"仁"的境界。那么，如何"解蔽"呢？戴震认为，"蔽"有"人蔽"与"己蔽"之分。要解蔽，就要克服"名之见"与"私智穿凿"的弊端。他说："其得于学，不

---

① （清）戴震：《孟子字义疏证·权》，《戴震全书》卷六，黄山书社1995年版，第211页。
② （清）戴震：《原善》卷下，《戴震全书》卷六，黄山书社1995年版，第23页。
③ （清）戴震：《孟子字义疏证·理》，《戴震全书》卷六，黄山书社1995年版，第171页。

以人蔽己，不以己自蔽，不为一时之名，亦不期后世之名。有名之见其蔽二：非掊击前人以自表襮，即依傍昔儒以附骥尾。二者不同，而鄙陋之心同，是以君子务在闻道也。……私智穿凿者，或非尽掊击以自表襮，积非成是而无从知，先入为主而惑以终身；或非尽依傍以附骥尾，无鄙陋之心，而失与之等，故学难言也。"①

戴震在这里提出了坚持实事求是，反对私智穿凿的三条重要原则。一是不以人蔽己。要心存主见，不人云亦云，为此，"治经先考文字，次通文理。志存闻道，必空所依傍"②。二是不以己自蔽。要讲究认识事物的方法，必须"征之古而靡不条贯，合诸道而不留余议，巨细毕究，本末兼察"，从而达到认识事物的"十分之见"。③ 三是不存有名之见。人们往往为了一时之名或后世之名，或以"己蔽"蔽人，或以"人蔽"蔽己；这些人名为求知，实则无知。

要"解蔽"，必须"重知"；要"重知"，必须立足于"慎思""明辨"；而要做到"慎思""明辨"，则必须做到"不以人蔽己，不以己自蔽"。这是"解蔽"的一个方面。另一方面，戴震还指出，"解蔽"除了"重知"外，还必须"重学"。

"重学"要注重两点：一是"贵扩充""贵其化"；二是学贵"精审""明分"和"裁断"。戴震认为，若依照此逻辑次序行事，就能"明理"，就能达到对事物的真理性认识。认识和掌握了客观规律，就能解除无知的蒙蔽，所以，戴震一再强调："儒者之学，将以解蔽而已矣。"④

戴震"尽实致知"的认识论是对中国先秦以来认识论思想进行反思的结果。戴震把他的元气一元论思想贯穿到了认识论领域中，提出了一系列针对程朱理学且以"征实"为时代特征的认识论原理和命题，如"重行必先重知"，"重问学，贵扩充"，"不以人蔽己，不以己自蔽"，"去私莫如强恕，解蔽莫如学"，"德性资于学问"以及如何区别"十分之见"与"未至十分之见"，"真理"和"意见"等，这些原理和命题极大地丰富和发展了中国传统

---

① （清）戴震：《答郑丈用牧书》，《戴震全书》卷六，黄山书社1995年版，第373—374页。
② （清）戴震：《与某书》，《戴震全书》卷六，黄山书社1995年版，第495页。
③ （清）戴震：《与姚孝廉姬传书》，《戴震全书》卷六，黄山书社1995年版，第372页。
④ （清）戴震：《沈处士戴笠图题咏序》，《戴震全书》卷六，黄山书社1995年版，第396页。

的认识论理论思想宝库，尤其是戴震从认识论的角度向程朱所标榜的至高无上的"天理"提出挑战，直接贬斥之为"一己之意见"，不但对人们走出理学数百年的影响和禁锢有重要的启蒙意义，而且这种批判本身就带有思想解放、追求思想自由的价值。另一方面，戴震的认识论思想作为其义理之学的一个重要组成部分，成为构成其义理之学之网的"网上纽结"，对其义理之学系统中提出的"闻道""闻义理"目标提供了认识方法论上的支持。

[王杰，中共中央党校（国家行政学院）哲学教研部教授，中国实学研究会会长]

# 惟理为实：二程理学的实学面向与生存意蕴

张　恒

**摘　要**　作为理学最重要的开创者，二程提出"理"概念是为反对佛道宗教的"空""虚"观念，以期重振儒学。相较佛道宗教，二程的核心创见在于赋予"理"以至实特质与道德内涵，所谓"惟理为实"，"仁者，天下之正理"。二程将"理"置于网络化的范畴系统中，围绕理与气、理与性、理与欲等一系列关系范畴，建构起了实在的理学体系。通过这个体系，二程全面回应了世界何以存在、人何以存在以及人如何生存等最为根本的哲学问题。鲜明的问题意识、实在的内涵特质以及丰富的生存意蕴，使二程理学在"凌空蹈虚"的佛道宗教之外另辟新途，具有广义上的实学面向。推动繁荣实学研究须重视理学的实学思想。

**关键词**　二程　理学　惟理为实　实学　生存

明清之际，一批反理学的思想家认为宋明理学尤其是陆王心学、阳明后学空谈道理心性、不尚务实致用而对其展开猛烈抨击，主张以"经世"为宗旨发展"实学"，以图经世致用、务实革新、济世图存。历史地看，这些批评确实有一定道理，但如果就此认为明清实学与宋明理学正相对立、水火不容，这便值得商榷了。事实上，从广义理学创发起，它就带有强烈的问题意识与时代使命，其所着力建构的思想体系也极具实在特质、道德内涵与生存意蕴，这在其重要开创者二程（颢、颐）兄弟那里有明显体现。

作为二程哲学核心范畴的"理"，在形式上与佛教尤其是华严宗的"理"极为相似，都强调"理"作为"所以然者"的超越性，都强调理不可分、万理归于一理等特点。但相较佛教，二程赋予"理"以至实的内涵，所谓"惟理为实"①，"天下无实于理者"②，这使理学不仅在学理上而且在实践中超过了佛教，逐渐在与佛教的论争中掌握了话语权，一定程度上改变了佛道宗教所导引的"凌空蹈虚"的思想氛围，将中国学术与思想向前推进了一步。

可以说，"理"的实在性是二程哲学体系建构的中心问题。二程围绕"理"及其至实性建构的哲学体系庞大而又繁复，其显著特点是将"理"置于一个网络化的范畴系统中，正如蒙培元在《理学范畴系统》中所指出的，"理学范畴都是一些关系范畴"③，"理"的内涵是在与其他一系列重要范畴发生关系（或相互依赖，或有限替代，或矛盾冲突等）的过程中展现出来的。尤其是通过对理与气、理与性、理与欲等关系范畴的阐明，二程全面回应了世界何以存在、人何以存在以及人如何生存等最为根本的哲学问题。

## 一　理体气用：世界何以存在

哲学是对本原的追问，佛教通过"体相用"思维实现了"万理归于一理"，给出了关于世界本原问题的回答。但是佛教的"理"归根结底是"空理"，它否弃世间和人伦，因此自唐以后就不断遭到儒家学者的激烈批评。就早期理学家尤其是"北宋五子"而言，真正针对佛教理论"单刀直入"的主要是张载和二程，二程使用的工具便是"理—气"，这是二程理学最基础、最根本的关系范畴。

在中国思想史上，"气"观念与概念的出现远比"理"要早，且使用更加广泛。《说文解字》释"气"为"云气"，恐怕只说出了"气"的一种含义或用法。实际上，早在《论语》中就有"血气"（《季氏》）、"辞气"（《泰

---

① （宋）程颢、程颐：《二程集》，王孝鱼点校，中华书局 2004 年版，第 1169 页。
② （宋）程颢、程颐：《二程集》，王孝鱼点校，中华书局 2004 年版，第 66 页。
③ 黄玉顺、杨永明、任文利主编：《蒙培元全集》第三卷，四川人民出版社 2021 年版，第 6 页。

伯》）、"食气"（《乡党》）等说法，《老子》曾言"专气致柔"（第十章）以及"万物负阴而抱阳，冲气以为和"（第四十二章），《庄子》有"云气"（《逍遥游》）、"噫气"（《齐物论》）等提法，《孟子》亦言及"平旦之气""夜气"（《告子上》）以及"浩然之气"（《公孙丑上》）等。"气"多与表示具体事物的名词或表示具体状态的形容词组成偏正结构，被名词或形容词限定，表示一种具有实在性的具体存在。如果再结合荀子的论述，则"气"的用法可以得到更好的理解。荀子说："水火有气而无生，草木有生而无知，禽兽有知而无义，人有气、有生、有知，亦且有义，故最为天下贵也。"（《荀子·王制》）从无生命者到有生命者，从无知无义的草木到有知有义的人类，天地万物的构成元素或质料皆是"气"。值得注意的是，《老子》《易传》等经典关于"气"的论述已有一定理论色彩，如《老子》"万物负阴而抱阳，冲气以为和"将"气"分为阴、阳两类，《易传》"一阴一阳之谓道"则不仅指出了"气"的分类（阴、阳），而且隐含着"气"的发生机制（阴阳运化）乃至根据（道）。阴阳、五行等观念又共同构成了汉代哲学的重要资源，董仲舒说"天地之气，合而为一，分为阴阳，判为四时，列为五行"（《春秋繁露·五行相生》），天地之合合于气。当董仲舒伸张"天人感应"观念时，那种感应也是基于"气"的运化，所谓"天有阴阳，人亦有阴阳。天地之阴气起，而人之阴气应之而起；人之阴气起，而天地之阴气亦宜应之而起，其道一也"（《春秋繁露·同类相动》）。

二程继承了传统哲学关于"气"的观念。首先，二程认为天地万物皆源于"气"。程颐说："陨石无种，种于气。麟亦无种，亦气化。厥初生民亦如是。"[1] 从陨石等无机物到麟等走兽，再到人这样的灵长类生物，均由"气"而生，整个世界都是"气化"的产物。其次，二程用"气"——更具体而言是"气"的"感通"或"感应"——解释大量自然现象与社会现象。在回答刘安节关于"人死于雷霆"之问时，二程说："夫为不善者，恶气也；赫然而震者，天地之怒气也，相感而相遇故也。"[2] "人死于雷霆"被归因于"气"的作用，即人的"恶气"与天地的"怒气"相感相遇。社会与历史的变化也

---

[1] （宋）程颢、程颐：《二程集》，王孝鱼点校，中华书局2004年版，第161页。
[2] （宋）程颢、程颐：《二程集》，王孝鱼点校，中华书局2004年版，第1224页。

被二程解释为"气"的变化："时所以有古今风气人物之异者，何也？气有淳漓，自然之理。有盛则必有衰，有终则必有始，有昼则必有夜。譬之一片地，始开荒田，则其收谷倍，及其久也，一岁薄于一岁，气亦盛衰故也。"① 此外，"杀孝妇而旱""杀暴姑而雨""在此而梦彼""已死而梦见"以及人的福祸寿夭等也都被二程归因于"气"的"感通"或"感应"，一言以蔽之，"天地之间，感应而已，尚复何事"②。

在此基础上，二程进一步对"气"追根溯源。二程说："若谓既返之气复将为方伸之气，必资于此，则殊与天地之化不相似。天地之化，自然生生不穷，更何复资于既毙之形，既返之气，以为造化？近取诸身，其开阖往来，见之鼻息，然不必须假吸复入以为呼。气则自然生。"③ 物之变化不必假借于既毙之形，所呼之气也不必依赖于既吸之气，"气"自然可生。"气"的自生，生自"真元之气"，所谓"真元之气，气之所由生，不与外气相杂，但以外气涵养而已"，"真元自能生气，所入之气，止当辟时，随之而入，非假此气以助真元也"。④ 这就好比鱼在水中，水作为"外气"只是供给鱼环境、食物，鱼的性命却非源于水，而是来自"真元之气"，人亦同理。

乍看起来，二程似以"气"（真元之气）为世界本原，是所谓"气本论"者。可是，二程又说："心所感通者，只是理也……至如梦寐皆无形，只是有此理。若言涉于形声之类，则是气也。物生则气聚，死则散而归尽。有声则须是口，既触则须是身。其质既坏，又安得有此？乃知无此理，便不可信。"⑤ 既以"感通"为"气"的事情，又说"心所感通者，只是理"，这似乎有所抵牾。二程究竟主张"气本""理本"还是"理气二本"？这是关涉二程哲学本质的关键问题。于此，二程对《易传》"一阴一阳之谓道"命题的阐释值得注意：

"一阴一阳之谓道"，此理固深，说则无可说。所以阴阳者道，既曰气，则便是二。言开阖，已是感，既二则便有感。所以开阖者道，开阖

---

① （宋）程颢、程颐：《二程集》，王孝鱼点校，中华书局 2004 年版，第 156 页。
② （宋）程颢、程颐：《二程集》，王孝鱼点校，中华书局 2004 年版，第 1226 页。
③ （宋）程颢、程颐：《二程集》，王孝鱼点校，中华书局 2004 年版，第 148 页。
④ （宋）程颢、程颐：《二程集》，王孝鱼点校，中华书局 2004 年版，第 165—166 页。
⑤ （宋）程颢、程颐：《二程集》，王孝鱼点校，中华书局 2004 年版，第 56 页。

便是阴阳。①

　　离了阴阳更无道，所以阴阳者是道也。阴阳，气也。气是形而下者，道是形而上者。形而上者则是密也。②

二程哲学中"道""理"同义。当《易传》说"一阴一阳之谓道"，"道"是阴阳的存在及其运化，至于是"如何存在运化"（实然）还是"何以存在运化"（所以然），《易传》没有明说，或谓混为一谈。二程却对此作了细致区分。在二程看来，"气"有形，是形而下者，展现为阴阳及其开阖、存在、运化，亦即"实然"；"道""理"无形，是形而上者，是"所以阴阳者""所以开阖者"，亦即"所以然"。"气"是"道""理"的载体和展现，"道""理"则是"气"的规则与根据，"道""理"与"气"不即而又不离，所谓"天下物皆可以理照，有物必有则，一物须有一理"③。

　　可见，二程对"理""气"的言说分属不同的论域。当二程说气可自生、气化万物时，是在解释现实世界或谓经验世界的生成、构造、运化，同时也是确认世界的现实性或实在性。这一探索当然也属于哲学探索，但更确切地说属于宇宙论或自然哲学。就此而言，二程的哲学探索并未超出此前儒家与道家太多，因"元气说"早自先秦就发其端绪，隋唐时期已非常成熟。当然，二程的哲学探索并未止步于此，他们更感兴趣的是经验世界背后的运行逻辑，而这单靠"气"是解决不了的。因此，他们又于"气"之上置一"理"，在"气世界"之外开辟一"理世界"，这一言说就具有了明显的存在论意味，有别于宇宙论或自然哲学。

　　接下来的问题是，"气"是经验性的，而"理"是思辨性的，二者如何能建立起"不即不离"的关系？二程解决这一问题的思路是引入"体用"思维，他们说："至微者理也，至著者象也。体用一源，显微无间。"④ 又说："理无形也，故因象以明理。理见乎辞矣，则可由辞以观象。"⑤ "理"至微无

① （宋）程颢、程颐：《二程集》，王孝鱼点校，中华书局 2004 年版，第 160 页。
② （宋）程颢、程颐：《二程集》，王孝鱼点校，中华书局 2004 年版，第 162 页。
③ （宋）程颢、程颐：《二程集》，王孝鱼点校，中华书局 2004 年版，第 193 页。
④ （宋）程颢、程颐：《二程集》，王孝鱼点校，中华书局 2004 年版，第 689 页。
⑤ （宋）程颢、程颐：《二程集》，王孝鱼点校，中华书局 2004 年版，第 271 页。

形，"象"至著有形，"有形总是气，无形只是道"①，所谓"体用一源"便是指"理气一源"，"理"是"气"之本体，"气"是"理"之发用。如此，"理""气"之间便不是经验性的生成构造关系，也不是可以取此舍彼、两相间断的本末关系，它们同源于万物一体的宇宙生命体，不即不离。二程通过"体用"思维建构起的理气关系论，一方面因确认了"理"的实在性而对佛教形成了有效对治，另一方面又因实现了"理"的超越性而对中国传统本土哲学构成了发展与超越，"理"既实在又超越的特点鲜明展现了二程的哲学追求。可见，"理"（确切地说是"实理"）才是二程着力探索的哲学本原，二程哲学的探索重心与核心贡献在于"理本"。当然，二程的"理本论"仍嫌模糊，将"理本论"推至极致的是朱熹，所谓"且如万一山河大地都陷了，毕竟理却只在这里"②，"理"相较"气"具有了绝对优先性。

由上，二程通过分疏理气关系，试图从根本上回答世界何以存在、如何存在等根本性的哲学问题：从宇宙论或自然哲学角度说，世界是"气化"的产物；从存在论（某种意义上也是生存论）角度说，"气化"的世界又因"理"而在；世界的存在以"理"为体、以"气"为用，体用一源，显微无间。从传统的宇宙论论域转向存在论论域，二程哲学的思辨性明显提升，这是其较传统哲学的进步和特色。需要指出的是，与西学相比，二程的"理"并不具有纯粹超越性，或者说它作为世界本原并不具有独立性，这也决定了二程理学并不是纯粹思辨的存在论。二程"理本论"框架下隐现着"理气二元论"的影子，这种混杂与不成熟构成了以二程理学为代表的早期理学的思维特点，也为理学的后期走向埋下了伏笔。

## 二　"性即理也"：人何以存在

冯友兰曾经指出，新儒家意在使原先儒家评定为道德的行为获得超道德

---

① （宋）程颢、程颐：《二程集》，王孝鱼点校，中华书局2004年版，第83页。
② （宋）朱熹：《朱子语类》卷一，载朱杰人、严佐之、刘永翔主编《朱子全书》，上海古籍出版社、安徽教育出版社2010年版，第14册，第116页。

价值。① 牟宗三认为，宋明理学意在建构一种"道德的形上学"。② 李泽厚亦言，宋明理学以伦理作为本体，其根本目的和理论建构以伦理学为指归。③ 这些观点都很有见地，共同指出了理学的道德伦理底色。反映在二程哲学上，"理"不仅要在本原论论域中作为"所以然"展现其实在性、超越性，还要在道德伦理与修养工夫论域中作为"应然"获得其合法性，这实际上是要解决人何以存在、如何存在等根本性的哲学问题，这些问题的解决有赖于对"理""性"关系的妥善处理。

关于二程之"理"，前文已有述及，此处先从"性"说起。首先，二程采取与张载类似的"分性为二"的论性思路，将"性"分为"情性"与"德性"，或谓"气质之性"与"天命之性"，这与传统儒家以气言性的思路明显不同。具体而言，二程借助"气""才"等概念，对先秦诸子尤其是告子的"生之谓性"说作了进一步发挥，在"气—才"意义上将"性"界定为"生质之性"或"性质之性"（一作"气质之性"）。④ 生质之性（性质之性、气质之性）实即告子哲学意义上的"生性""欲性"或荀子哲学意义上的"情性"。与此同时，二程认为只谈"情性"或"气质之性"远远不够，因为这并非"性"的本原义。在二程看来，人、物、牛、马之性固然有共通之处，但并非毫无差别，孟子所谓人性比牛马之性更善的说法，才是说出了"性"的本原义，二程称这个本原义为"德性"，"'德性'者，言性之可贵，与言性善，其实一也"⑤。"德性"亦即人们通常从二程文本中归纳出的"天命之性"或"义理之性"。在二程那里，"德性"固然是性之实然，但也具有典范意味与应然意味。或者说，"德性"固然是先天禀赋的本能欲求，但也具有鲜明的价值取向，是值得实现并应当实现的本质。当"德性"进入"万物一体"视域，它就具备了上升到超越之"理"的可能性。

其次，"分性为二"开启了二程性论的价值之维。表面看来，二程以孟子

---

① 参见冯友兰《中国哲学简史》，涂又光译，北京大学出版社 2010 年版，第 226 页。
② 参见牟宗三《心体与性体》（一），《牟宗三先生全集》，台北：联经出版事业公司 2003 年版，第 5 册，第 42 页。
③ 参见李泽厚《中国古代思想史论》，生活·读书·新知三联书店 2017 年版，第 236 页。
④ 参见（宋）程颢、程颐《二程集》，王孝鱼点校，中华书局 2004 年版，第 207 页。
⑤ （宋）程颢、程颐：《二程集》，王孝鱼点校，中华书局 2004 年版，第 125 页。

"性善论"为基本立足点，并极力批驳荀子的"性恶论"，事实上二程性论既有区别于孟学之处，亦有共通于荀学之处。其一，二程区分"性"与"才"，认为"气"有清浊，"才"有美恶，这造就了善恶："气"清"才"美者向善，"气"浊"才"恶者向恶，只有至清、至美的"气—才"才称得上本原之"善性"，所谓"德性谓天赋天资，才之美者也"①。其二，二程区分"性"与"情"，当"情"与"性"一致或受制于"性"时，便无往而不善；一旦"情"脱离"性"的轨制，"发而不中节"，便会导向恶。其三，二程区分"性"与"心"。作为"性"的有形载体与具体呈现，"心"分"人心""道心"两种形态，"人心"只是私欲，"道心"才是"心"涤除私欲之后的理想形态与典范形态。总之，二程认为才、情、心皆不可遽然称善，这与孟子心、性、才、情皆善的论性思路明显不同。致思取向的差异造成了重大的理论后果，即二程为"恶"的问题预留了充分的解释空间。孟子性论备受荀子诟病之处即在于那种完美的"德性"容不得"恶"的存在，也就难以在理论和现实两个层面解释"恶"的成因并提出应对之道，荀子的思路是以"性"为"恶"，主张以外在的礼法相规约。二程以"气—才"来解释"恶"，正是将荀子的相关观念引入自身性论之中，所谓"有自幼而善，有自幼而恶，是气禀有然也。善固性也，然恶亦不可不谓之性也"②。说得更直接一点，善是性，恶也是性，性善恶相混。这看似与"性无不善"相矛盾，其实只是侧重不同："性善恶混"是就"性"之实然统而言之，"性无不善"则是择"性"之应然一端而言。在二程看来，"不是性中元有此两物（指善与恶——引者注）相对而生"③，"善"是性的理想形态、典范形态，它既是"实然"（才之美者）更是"应然"（继之者善），"恶"则是"善"被遮蔽的状态，也就是"生质之性"的浊态。这种辨析为"性"从"善恶混"到"无不善"敞开了空间。

最后，二程为"德性"的存在与存养赋予了形而上根据——"理"，所谓"性即理也"。中国哲学自先秦开始的本原追问，至魏晋时期遭遇了明显的

---

① （宋）程颢、程颐：《二程集》，王孝鱼点校，中华书局 2004 年版，第 20 页。
② （宋）程颢、程颐：《二程集》，王孝鱼点校，中华书局 2004 年版，第 10 页。
③ （宋）程颢、程颐：《二程集》，王孝鱼点校，中华书局 2004 年版，第 10 页。

瓶颈，即"本末"思维"非此即彼"的理论特质决定了本原追问难以彻底。为解决"本末"思维的理论困难，先有玄学主张"崇本举末"，后有佛教提出"理不可分"，中国哲学才逐渐找到突破瓶颈的致思方向。二程沿此思路继续探索，他们意识到，要想突破"本末论"困境须有两个理论前提，即"万物一体"与"体用一源"：唯有"万物一体"，"万理"才具有统一性，也才具有归于"一理"的可能性；而唯有"体用一源"，"一理"才具有主宰性，也才具有涵摄"万理"的可能性。反映在二程哲学上，单将"物之理"归于"一理"显然不够，"人之理"亦不能外，"人之理"也就是"人性"。故此，当唐棣问"性"时，程颐答说：

> 性即理也，所谓理，性是也。天下之理，原其所自，未有不善。喜怒哀乐未发，何尝不善？发而中节，则无往而不善。凡言善恶，皆先善而后恶；言吉凶，皆先吉而后凶；言是非，皆先是而后非。①

"性即理"命题言简意赅地指出了人性与物理的统一性，也创造性地将具体的"德性"形式化为普遍的"天理"，这标志着二程在形式上完成了"理一"哲学的建构，也标志着二程一定程度上解决了中国古代哲学的一次重大"危机"，即实现了从经验性思维向思辨性思维的转型。难怪朱熹要对"性即理"命题大加赞佩，以其为孔子之后无出其右者："如'性即理也'一语，直自孔子后，惟是伊川说得尽。这一句，便是千万世说性之根基。"② 朱熹的赞佩固然有强化理学系谱的考虑，但从哲学史逻辑发展的角度而言，这一评价并不为过。

当"性""理"合一，这个本原或主宰就不再是杳渺冰冷的存在，而具有了人间的温度。如上所述，二程之"性"不仅是"情性"亦是"德性"，具有"善"的价值取向，这个"善"具有儒家向来推重的伦理内涵。二程说："仁、义、礼、智、信五者，性也。仁者，全体；四者，四支。"③ "性"

---

① （宋）程颢、程颐：《二程集》，王孝鱼点校，中华书局 2004 年版，第 292 页。
② （宋）朱熹：《朱子语类》卷九十三，载朱杰人、严佐之、刘永翔主编《朱子全书》，上海古籍出版社、安徽教育出版社 2010 年版，第 17 册，第 3107—3108 页。
③ （宋）程颢、程颐：《二程集》，王孝鱼点校，中华书局 2004 年版，第 14 页。

（理）即"五常"，尤以"仁"为其"全体"，故而可简明言之"性即仁"。二程主张"性即理"，又主张"性即仁"，自然也主张"理即仁"。事实上，二程确曾直截了当地说："仁者，天下之正理。失正理，则无序而不和。"①"仁"作为"理"的具体内涵、伦理内涵，被提升到了世界本原的地位。

二程论"仁"首先强调其"通"义，此义是二程受医学启发而悟出来的，所谓"医家以不认痛痒谓之不仁，人以不知觉不认义理为不仁，譬最近"②，"医书言手足痿痹为不仁，此言最善名状"③。"疾痛累心"是身体的本然状态、健康状态，这种感知的通贯就是"仁"的具体体现。同样的道理，"若夫至仁，则天地为一身，而天地之间，品物万形为四肢百体。夫人岂有视四肢百体而不爱者哉？圣人，仁之至也，独能体是心而已，曷尝支离多端而求之自外乎"④。天地万物就像一个整全的、活生生的有机体，其中的每一人、每一物都是这有机体的组成部分，"仁"即万物之间的彼此贯通、相互珍视，"仁之至也"便是圣人。其次，与"通"义紧密联系的是"仁"的"公"义。二程说"有少私意，便是不仁"⑤，"［仁］只是一个公字"⑥，"公"与"私"相对，如果人能做到公而无私，便能"物我兼照""人我兼照"，也就能视天地万物为一体，知痛痒，泛爱众，如此便是仁。⑦

总之，通过"性即理"命题，二程将"德性"提升为"天理"，或说使"天理"贯通于人之"德性"，"性"或"理"是人类（社会）存在、发展的终极根据。尽管二程在"性即理"的论证上略嫌语焉不详，没能给出分析性的详论，但这一命题使人不再是无根的存在，人类与天地万物分有共同的终极根据。二程理学不仅具有存在论色彩，还具有明显的生存论（theory of living）色彩。

---

① （宋）程颢、程颐：《二程集》，王孝鱼点校，中华书局 2004 年版，第 1173 页。
② （宋）程颢、程颐：《二程集》，王孝鱼点校，中华书局 2004 年版，第 33 页。
③ （宋）程颢、程颐：《二程集》，王孝鱼点校，中华书局 2004 年版，第 15 页。
④ （宋）程颢、程颐：《二程集》，王孝鱼点校，中华书局 2004 年版，第 74 页。
⑤ （宋）程颢、程颐：《二程集》，王孝鱼点校，中华书局 2004 年版，第 284 页。
⑥ （宋）程颢、程颐：《二程集》，王孝鱼点校，中华书局 2004 年版，第 285 页。
⑦ 以上关于二程性论的论述详见张恒《兼祧思孟告荀：二程性论的多维面相》，《孔子研究》2020 年第 2 期。

## 三　明理灭欲：人如何生存

如果说"理气之辨"与"理性之辨"分别赋予"理"以实在特质与价值内涵，从而解决了世界何以存在、人何以存在等根本性的哲学问题，那么二程对于"人如何生存"这一问题的回答主要是通过"理欲之辨"这一论题来实现的。通过对"理—欲"这对关系范畴的辨析，二程阐明了人应当采取的在世方式或生活方式。

"理—欲"作为一对哲学关系范畴的显化始自宋代，但其背后隐含的"欲望"与"规范"之间的张力却是人类发展史上的永恒主题，只不过在不同时期、不同学者那里呈现出不同的形态。孔子曾说："富与贵是人之所欲也，不以其道得之，不处也；贫与贱是人之所恶也，不以其道得之，不去也。"（《论语·里仁》）富贵虽不是欲望的全部，但它展现了"欲"所蕴含的"利"的指向：从正面看，"欲"是对富贵的渴求，是趋利；从反面看，"欲"是对贫贱的嫌恶，是避害。与此同时，孔子还指出了与"欲"发生张力的"规范"一端——"道"，或更具体地说，是"义"。在孔子那里，"理欲之辨"主要呈现为"道欲之辨"或"义利之辨"的形态，他主张"以道得欲"或"以义处利"。

嗣后的"孟告之辨"中，告子把"欲"提升至"性"的高度，所谓"食色，性也"（《孟子·告子上》），这种以"食色"为主要内涵的"欲性"强调的是人的官能欲求。孟子虽在核心观点上与告子不同，但也将"欲性"作为致思的逻辑起点，他说："口之于味也，目之于色也，耳之于声也，鼻之于臭也，四肢之于安佚也，性也……"（《孟子·尽心下》）这明显是把味、色、声、嗅、安佚"五者之欲"看作"性"。当然，孟子不只认可"欲性"，更强调"德性"，此处不再赘述。荀子在"欲性"基础上明确提出"情性"概念："今人之性，饥而欲饱，寒而欲暖，劳而欲休，此人之情性也。"（《荀子·性恶》）荀子认为"欲—情"构成了人性（情性）的主要内容，所谓"性者，天之就也；情者，性之质也；欲者，情之应也"（《荀子·正名》）。总之，告子、孟子、荀子均在事实上"以欲为性"，且都承认"欲性""情性"的自然性、合理性。当然，由于他们对"欲"的价值判断不一，相应的"规范"也各有不同。其中，告子认为"欲性""无分于善不善"，是谓"仁内义外"，主张以义导欲；孟子认为性、情本善，"陷溺其心"或"放其良心"才导致了恶的出现，是谓"仁义内在"，主张"寡欲""养心"；荀子则认为"情性"向恶，单靠孟子那种反身向内的做法难以制欲，是谓"仁义外在"，主张以师法之化、礼义之道"化性起伪""积善成德"。汉代学者的理论建构与政治实践大抵沿着荀子的思路展开，如董仲舒说："若去其度制，使人人从其欲，快其意，以逐无穷，是大乱人伦而靡斯财用也，失文采所遂生之意矣……今欲以乱为治，以贫为富，非反之制度不可。"（《春秋繁露·度制》）"礼"在董仲舒这里进一步落实为"度制"或"制度"，他主张"以度制欲"。汉末魏晋动荡不安的特殊环境迫使玄学对"欲望"与"规范"问题作出更深思考，嵇康《释私论》所谓"越名教而任自然"便是一种极具代表性的方案，这在一定意义上可视为向儒家"德性自然"① 传统的复归。这一倾向至隋唐时期统一政权重新建立后再度扭转，重礼传统重又得到重视。

可见，早自先秦人们就已意识到"欲"的自然性、合理性以及"纵欲"的危害性和控制"欲"的必要性，于是提出各种制欲"规范"，或侧重内在修养，或侧重外在礼法，或二者兼修并重。但从历史来看，这些规范似乎都难以从根本上解决问题，即难以逃脱"制欲—窒欲—纵欲—制欲"的循环。二程对此亦有深刻认识，他们指出，秦朝因暴虐而亡，汉朝鉴于秦亡的教训隆礼重法，重礼至于苦节，继起的魏晋反而流于旷荡……"欲望"与"规范"或"乱"与"治"在天平的两端始终不能取得平衡。有鉴于此，二程基于以"理"为中心范畴的话语与思想系统，提出了"理欲之辨"这一新的"欲望—规范"框架。

二程首先以"是否必需"为标准对"欲"进行区分："天下之害，皆以远本而末胜也。峻宇雕墙，本于宫室；酒池肉林，本于饮食；淫酷残忍，本于刑罚；穷兵黩武，本于征伐。先王治其本者，天理也；后王流于末者，人

---

① "德性自然"问题详见张恒《另一种自然之道——儒家哲学"德性自然"发微》，《烟台大学学报》（哲学社会科学版）2019 年第 3 期。

欲也。"① 对于一国统治者而言，居有宫室、饥有饮食、内有刑罚、外有征伐，这些欲求是实现国家治理的必要条件，对这些条件的追求和满足是有"天理"作为依据的。一旦超过必要的、正常的需求，进而追求峻宇雕墙、酒池肉林、淫酷残忍、穷兵黩武，那就变成了"人欲"。此处的"人欲"基本上可与"私欲"或"嗜欲"画等号，是超过正常需求、必要需求的过分需求，没有"天理"上的依据。

二程进一步指出，私欲、嗜欲对于人的生存是有害的："孔子曰：'枨也欲，焉得刚？'甚矣欲之害人也。人之为不善，欲诱之也。诱之而弗知，则至于天理灭而不知反。故目则欲色，耳则欲声，以至鼻则欲香，口则欲味，体则欲安，此皆有以使之也。"② 在二程看来，私欲、嗜欲的危害在于"诱人作恶"。具体而言，耳目口鼻之欲易使人陷溺于各种舒适享乐之中难以自拔，长此以往，人便对天理失去了觉知，进而言恶行恶。在这个意义上，孔子指出"枨也欲，焉得刚"（《论语·公冶长》），即嗜欲过度之人不可能真正刚强；庄子指出"其耆欲深者，其天机浅"（《庄子·大宗师》），即嗜欲过度之人天资浅薄、悟性不高。总之，二程认为"私欲万端害于仁"③，"人于天理昏者，是只为嗜欲乱着佗"④，对于私欲、嗜欲，必须尽可能地予以摒除。

如何才能摒除私欲、嗜欲？二程说，"损人欲以复天理，圣人之教也"⑤，简而言之就是以理制欲。尽管从分析的角度而言，以理制欲可以分解为两个方面，即"损人欲"与"复天理"，实际上这两个方面又是一回事，所谓"不是天理，便是私欲。人虽有意于为善，亦是非礼。无人欲即皆天理"⑥。既然如此，而"天理"又是天地万物与世间人伦的终极依据，是永恒的、超越的存在，是出于自然的德性，因此二程"以理制欲"的生存方式重点即在于"制欲"，只要欲望得到控制，天理自明。

具体而言，"制欲"可分两种情形。其一，对于正常的、必要的欲求，要

---

① （宋）程颢、程颐：《二程集》，王孝鱼点校，中华书局 2004 年版，第 1170 页。
② （宋）程颢、程颐：《二程集》，王孝鱼点校，中华书局 2004 年版，第 319 页。
③ （宋）程颢、程颐：《二程集》，王孝鱼点校，中华书局 2004 年版，第 153 页。
④ （宋）程颢、程颐：《二程集》，王孝鱼点校，中华书局 2004 年版，第 42 页。
⑤ （宋）程颢、程颐：《二程集》，王孝鱼点校，中华书局 2004 年版，第 1170—1171 页。
⑥ （宋）程颢、程颐：《二程集》，王孝鱼点校，中华书局 2004 年版，第 144 页。

适度予以满足。二程在讲述养生经验时说："吾尝夏葛而冬裘，饥食而渴饮，节嗜欲，定心气，如斯而已矣。"① 夏葛、冬裘、饥食、渴饮，此即孔子所谓"饮食男女，人之大欲"，亦即告子所谓"食色，性也"，对这些欲求的满足，关乎一个人的生命与身心健康，只可疏导，不可堵塞，否则反而滋生私欲、嗜欲。其二，对于私欲、嗜欲，要适时予以涤除。在具体操作上，二程相信内省的力量："然则何以窒其欲？曰思而已矣。学莫贵于思，唯思为能窒欲。曾子之三省，窒欲之道也。"② 既是内省，自然要涉及省思的标准。在二程看来，这一标准无疑就是"理"，或者说是"仁"。"理"或"仁"作为本原，其发用流行即"礼"，所谓"视听言动，非理不为，即是礼，礼即是理也"③。依礼而行即依理而行，欲望最终变成了对理或礼的欲望。这也是二程"理欲观"较传统"欲望—规范"观念更为成熟之所在，即他们将"规范—欲望"这对关系范畴由"本末"关系改造而成"体用"关系，天理的呈现即欲望的实现，欲望的实现即天理的呈现，不更分别。

当然，自"性"的角度而言，二程的理欲观又与其性情观相一致；而自"心"的角度而言，二程的理欲观又与其道心人心观相一致。理体欲用、性体情用、道心为体人心为用等观念，从多个侧面阐明了"欲望"与"规范"之间的关系以及对其张力的缓解之道，也深刻影响了整个宋明理学对于人如何生存这一根本哲学问题的致思方向。不过，当这一观念制度化、意识形态化，它便走向了教条和僵化，导致对人的合理欲望的压制，这也是理学中后期发展中广为诟病之处。

# 余 论

理学的产生是唐宋之际政治经济社会转型与思想文化学术发展的必然要求。为反对佛道宗教"凌空蹈虚"、否弃现世的思想观念，以二程为代表的早

---

① （宋）程颢、程颐：《二程集》，王孝鱼点校，中华书局 2004 年版，第 70 页。
② （宋）程颢、程颐：《二程集》，王孝鱼点校，中华书局 2004 年版，第 319 页。
③ （宋）程颢、程颐：《二程集》，王孝鱼点校，中华书局 2004 年版，第 144 页。

期理学家在重振儒家伦理、重整社会秩序方面作了学理上的深入探索。二程接着佛教关于"理"的言说继续讲，重新赋予其实在内涵与道德价值，提出"惟理为实"，"天下无实于理者"，"仁者，天下之正理"等新见，使理学不仅在学理上超过佛道宗教，将中国哲学向前推进了一步，而且在实践中重新掌握了思想上的话语权，为社会秩序重整提供了新的解决方案。

在理论建构中，二程将"理"置于网络化的范畴系统中，围绕理与气、理与性、理与欲等一系列关系范畴展开体系建构。通过对"理体气用"关系的揭示，二程回答了世界何以存在的问题；通过对"性即理也"关系的揭示，二程回答了人何以存在的问题；通过对"明理灭欲"关系的揭示，二程又回答了人如何生存的问题。可以说，二程理学对世界何以存在、人何以存在、人如何生存等根本性的哲学问题给出了具有一定解释力的答案。

相较佛道宗教"凌空蹈虚"的思想倾向，二程理学以鲜明的问题意识、实在的内涵特质以及丰富的生存意蕴，为时人开辟了一条新的生存路径。诚如葛荣晋所言，理学主旨虽是追求道德性命之学，有不同程度的重实体轻达用的内倾趋向，但其中也蕴含实理论、实性论等丰富的实学思想①，早期理学具有广义上的实学面向和旺盛的生命力。明清之际针对理学展开批评反思的经世实学思潮中，多数思想家亦皆从理学中分化、脱胎而来，其最初大都是程朱理学或陆王心学的追随者、信奉者，只是理学发展到后期逐渐背离初衷，才有经世实学之风的兴起。② 明清实学与宋明理学并非完全对立、水火不容，它们是且应该是"接着讲"的关系。当今推动繁荣实学研究，仍当重视理学的实学思想。

（张恒，山东社会科学院国际儒学研究院助理研究员）

---

① 参见葛荣晋《论宋代实学》，《中华文化论坛》1994 年第 3 期。
② 参见王杰《明清之际的经世实学思潮与人文启蒙思潮》，《哲学与中国》2018 年春季卷。

# 董仲舒"调均"思想的特质及其现代意义*

**摘 要** 董仲舒"调均"思想是他"更化"思想的重要组成部分。"调均"政策控制了两极分化,调节了社会秩序,在一定程度上实现了"善治""易治",具有历史的进步性。董仲舒"调均"思想的起点是一种经济调控政策,但它的意义在于社会制度的完善,对社会和个体的影响,更倾向于儒家价值观念的融合与渗透,成了一种影响中国人两千多年的文化价值观。这种思想在今天对调节社会贫富差距过大以及社会各阶层的管理上,仍具有重要的借鉴价值,对我们增强文化自觉、提升文化自信,也具有重要意义。

**关键词** 董仲舒 调均 天人合一 更化

董仲舒是儒学史、中国哲学史乃至中国思想史上的里程碑。他是汉代新儒学的肇基者,是汉代的"群儒首""儒者宗"。他的思想博大精深,提出的诸多建议被汉武帝采纳,除了"罢黜百家,表彰六级"的国家意识形态的宏观政策之外,在他的春秋公羊学和阴阳五行理论的推演下,亦有倡导文官制

---

* 本文系河北省教育厅人文社会科学重大课题攻关项目(ZD202125)、河北省董仲舒与传统文化研究中心 2023 委托课题(2023016)的研究成果。

度、开创太学、强调"更化"等。其中,"调均"思想是他"更化"思想架构的重要组成部分,对当时及后世的政治经济政策的制定均产生了深远影响,以至于在当今仍具有重要的借鉴意义。董仲舒的"调均"思想不仅是中华民族的优秀文化传统,也是世界思想史上重要的文化遗产,是我们取之不尽的文化精髓。

# 一 董仲舒"调均"思想提出的原因与背景

汉朝建立之初,实行黄老思想,无为而治,利用六七十年的时间进行休养生息,使农业得到了发展,经济得到了恢复。据《史记·平准书》记载:"都鄙廪庾皆满,而府库余货财。京师之钱累巨万,贯朽而不可校。太仓之粟陈陈相因,充滋露积于外,至腐败不可食。"随着经济的发展,西汉的国力也大大加强。据《汉书·地理志》记载,公元 2 年,西汉国土东西长达 9302里,南北宽达 13368 里,当时的人口已经达到 5995 万人。这是一个相对有说服力的数据,足以说明当时的西汉已经步入鼎盛时期。[①] 经济的发展也为贫富两极的过度分化埋下了伏笔。

汉武帝时期,也存在内忧外患。首先,因匈奴不断入侵边境,制造事端,汉武帝多次出兵抗击匈奴,百姓无暇顾及农业生产,以致民不聊生。其次,土地兼并日益严重。拥有几百乃至上千顷土地的人不在少数。汉承秦制,据《汉书·食货志》记载,"至秦则不然,用商鞅之法,改帝王之制,除井田,民得买卖,富者田连阡陌,贫者亡立锥之地"。土地私有、可以买卖造成了日益严重的土地兼并,很多农民失去土地非常贫困,甚至到了无法生存的地步。这无疑加剧了两极分化。再次,盐铁官营,剥夺了部分农民和手工业者经营盐铁的权利,百姓生活更为困难,进一步加速了社会的两极分化。最后,官吏与民争利现象严重。不仅官府与民争利,而且官吏也想尽办法与民争利,造成矛盾日益尖锐。他们一方面"或至并兼党之徒以断于乡曲,宗室有士,公卿、大夫以下争于奢侈,室庐车服僭上亡限"(《汉书·食货志》);另一方

---

① 转引自杨阳主编《中国政治制度史纲要》,中国政法大学出版社 2007 年版,第 174—175 页。

面，他们"身宠而载高位，家温而食厚禄，因乘富贵之资力，以与民争利于下"（《汉书·董仲舒传》）。再加上"富者愈贪利而不肯为义，贫者日犯禁而不可得止"，造成了"贫民常衣牛马之衣，而食犬彘之食"。（《汉书·食货志》）

在社会贫富过度分化的状态下，矛盾日益加剧，农民为了生存，有的"亡逃山林，转为盗贼"，有的发动起义，社会出现了不稳定的局面。在这种背景下，董仲舒向汉武帝提出建议："限民名田，以澹不足，塞并兼之路。……去奴婢，除专杀之威。薄赋敛，省徭役，以宽民力。然后可善治也。"（《汉书·食货志》）董仲舒就是在这样的背景下向汉武帝提出了"调均贫富"的政策建议。

## 二　董仲舒"调均"思想的特质

### （一）贫富有差，悬殊有度

在当时土地兼并日益严重的背景下，出现了财富极端分化的状况，即"有所积重，则有所空虚矣"（《春秋繁露·度制》）。富的大富，穷的一无所有。这样就容易造成很多社会问题，或者说已经出现了严重的社会问题，即"大富则骄，大贫则忧"（《春秋繁露·度制》）。根据一般人的生理和心理需求状态，过度的贫富差距使得"忧则为盗，骄则为暴"（《春秋繁露·度制》），董仲舒认为出现这样不和谐的社会现象是"此众人之情也"（《春秋繁露·度制》），有着巨大的隐患，说明这是一种正常的、容易出现的、有着必然性的社会现象。为此，董仲舒提出了"调均"的政策建议，以解决这种后果非常严重的社会问题。

那么，董仲舒的"调均"政策是不是强调社会财富要平均分配？当然不是。按照《老子》的说法，"调均"是"损有余而补不足"，董仲舒的"调均"思想对此进行了发展，其目的是"制人道而差上下也，使富者足以示贵而不至于骄，贫者足以养生而不至于忧"（《春秋繁露·度制》），所以，这不是平均主义，著名学者周桂钿教授认为，"调均"是让富人多交一些税，用于救济贫困户,可称为"第二次分配","调均,是对富人的限制,是对穷人的救助"①;李宗桂教授认为,"均是指均衡","是指协调、平衡、合理"。②

董仲舒的"调均"思想来自孔子的"不患贫而患不均",他对孔子的看法极力赞同,认为圣人根据一般人的心理,看到了祸乱产生的原因,所以制定社会制度,区分上下等级,使富有的人足以显示自己的高贵而不至于骄横,贫穷的人足够生存而不至于忧愁,"圣者则于众人之情,见乱之所从生","以此为度,而调均之"(《春秋繁露·度制》),用这作为尺度调剂人们的财富,其结果"是以财不匮而上下相安"(《春秋繁露·度制》)。即不仅财富不匮乏,而且社会易于治理。

所以,董仲舒提倡的"调均",是反对贫富差异悬殊,不是强调平均分配,而是按照不同的社会阶层和等级进行财富分配,使不同阶层的人在财富拥有的程度上有差有度,把差距控制在一定的范围内,一个适宜的度的范围内,这样便能调控社会财富过度不均而引起的社会不安定现象。

## (二)财富调均,施政均平

### 1. 财富调均

《汉书·食货志》记载,董仲舒向汉武帝提出了"限民名田,以澹不足,塞并兼之路。……去奴婢,除专杀之威。薄赋敛,省徭役,以宽民力。然后可善治也"的建议。这是对经济和财富进行调均的具体措施。下面将逐一进行分析。

(1)"塞[土地]并兼之路"

董仲舒提出"调均"思想的背景是在允许土地买卖的前提下造成的土地兼并现象日益严重,"富者田连阡陌,贫者亡立锥之地",甚至"卖田宅,鬻子孙以偿责",为此他提出了"限民名田,以澹不足,塞并兼之路"。就是在允许土地私有的前提下,对土地拥有量进行限制,以防止少量人占用大量土地,造成普通百姓地无所耕,难以糊口维持生计,而出现造反等祸乱,而且还要"以澹不足",即要对那些拥有生产资料非常少的农民进行补给或救济。

---

① 周桂钿:《儒家的财富观》,《四川师范大学学报》(社会科学版)2009年第5期。
② 李宗桂:《从"调均"看中国文化的优秀传统》,《哲学研究》2016年第8期。

董仲舒的这个建议富有积极意义，影响很大，成为后世制定土地政策的重要依据。

（2）"盐铁皆归于民"

使盐铁由官营转向民营。盐铁由于官府垄断，价位颇高，盘剥严重，虽然在一定程度上增加了国家财政收入，但垄断造成了产品质量差，品种单一，农民使用不便，严重影响农业生产；既损害了商人的利益，也使得普通百姓负担不起，故而要将经营权下放给百姓，以减轻百姓的负担。

（3）"薄赋敛，省徭役，以宽民力"

董仲舒认为，"赋敛亡度，竭民财力，百姓散亡不得从耕织之业"（《汉书·董仲舒传》）。官府的横征暴敛和乱用民力也是造成贫富两极分化的重要原因，所以他提出必须"薄赋敛，省徭役，以宽民力"。他引用古人的做法，作为当朝应该效仿的例证："古者税民不过什一，其求易供；使民不过三日，其力易足。民财内足以养老尽孝，外足以事上共税，下足以畜妻子极爱，故民悦从上。"（《汉书·食货志》）董仲舒并不反对税收，但是强调把税收限制在一个合理的范围内。他强调要用民以时，以宽民力，不要剥夺农民的耕种时间。

（4）禁止官僚与民争业

董仲舒认为，官员已经得到了官府给予的俸禄报酬，不能再和百姓争夺其他利益，更不能经营工商企业。他讲明道理："受禄之家，食禄而已，不与民争业，然后利可均布，而民可家足。"（《汉书·董仲舒传》）董仲舒倡导官员学习公仪休"拔葵去织"就是很好的说明。董仲舒这样的建议在当时无疑可以缓和社会矛盾，调整不同阶层之间的利益关系，在一定程度上起到了稳定社会秩序的作用，具有积极的意义。在今天看来，仍然不失重要的启示价值。

2. 施政均平

"调均"不仅表现在社会经济与财富"调均"上，也表现在社会政治的"调均"上。施政均平也是封建帝王的统治术，董仲舒认为："天覆无外，地载兼爱，风行令而一其威，雨布施而均其德，王术之谓也。"（《春秋繁露·深察名号》）儒家非常重视构建良好的社会关系，尤其是上下等级关系，在当时的社会背景下，为了维护社会稳定，董仲舒提倡"三纲"，强调忠孝。

### (三) 天人合一，调均乃天理

在董仲舒看来，"调均"是天人合一美德的体现，天造就了世间一切，并给了它存在的权益。有的人拥有的多，有的人拥有的少，这也是正常现象，但并非让其极端化。根据自然界的现象，董仲舒引用《诗经》中的"采葑采菲，无以下体。德音莫违，及尔同死"，倡议人们采摘葑菜韭菜时要尊重自然赋予它本来的特性，不要把根拔掉。这是一种美德，是与自然、与天同一的美德。这就是劝告那些已经拥有雄厚财富的人不能再争夺小的利益了，把小的利益让给其他人，让给普通百姓。即，不与民争利，这样做也是遵循了天理，是一种美德。即"使诸有大奉禄亦皆不得兼小利与民争利业，乃天理也"（《春秋繁露·度制》）。董仲舒引用孔子言"君子不尽利以遗民"（《春秋繁露·度制》），作为君子，不要把利益都占尽了，应该遗留一些给百姓。

所以，在董仲舒看来，"调均"也是维护了君子之道，君子之道乃天之道。"故君子仕则不稼，田则不渔，食时不力珍，大夫不坐羊，士不坐犬"（《春秋繁露·度制》），即君子做官就不种谷，打猎就不要捕鱼，按照季节选择饮食，不要力求珍异，大夫不坐羊皮，士不坐狗皮。天道公允，"天不重与，有角不得有上齿"（《春秋繁露·度制》），上天给了你角就不给你上齿。所以，"已有大者，不得有小者，天数也"（《春秋繁露·度制》），贪得无厌是违反天道的。又举《诗经》中的例子："此有不敛穧，彼其遗秉……伊寡妇之利"（《春秋繁露·度制》），收割庄稼不要割干净，要留下一些给那些生活困难的寡妇。

董仲舒着重强调了官员不能与民争利。他提倡官员们以鲁国相公仪休为榜样，典型的例子就是"拔葵出妻"或"拔葵去织"（《汉书·董仲舒传》）。公仪休回到家吃饭时问桌上的菜花了多少钱，家人告诉他是自己家园子里种的，他非常生气，认为这样做侵害了菜农的利益，于是他把菜园里的菜都拔掉。还有一次他看到妻子在织布，认为这也是侵害了织工的利益，于是把自己的妻子休了。他认为，自己是官员，有俸禄，就不能再通过其他途径聚敛钱财进而伤害他人利益，这是不能容许的。为此董仲舒非常赞赏公仪休的做法并提出官员向他学习。

在当时，董仲舒还针对现状提出"去奴婢，除专杀之威"。当时的汉代有很多官奴婢和私奴婢，官奴婢主要是犯罪的官员及其家属，私奴婢主要是破产的农民。他们毫无人身自由，地位卑贱，生命没有保障，在市场上被随便买卖。有钱有势的人家往往拥有成百上千的奴婢。董仲舒认为这也是违反天意的，他认为，人虽然有尊卑之分，但小人也是人，也是受命于天的，是自然界的一分子，天人是合一的，人在万物中地位是最尊贵的。奴婢也是人，要像人一样的生活才符合天理和人道。这在一定程度上也是"调均"，是对做人权利的"调均"。在董仲舒看来，"调均"是天之道，是必须遵循的基本原则，尤其是掌权者更是如此，"天子之所宜以为制，大夫之所当循以为行也"（《汉书·董仲舒传》）。

### （四）制人道，差上下，调均之保障

儒家认为，等级差别是社会所必需的，所以制定礼仪等级制度以进行阶层的区分与管理，由此等级制度亦是合理的。为此董仲舒提出"制人道，差上下"，这是董仲舒"调均"政策遵循的根本原则。"故其制人道而差上下也，使富者足以示贵而不至于骄，贫者足以养生而不至于忧。以此为度，而调均之，是以财不匮而上下相安，故易治也。"（《春秋繁露·度制》）

董仲舒认为，为了解决社会问题，就要使富庶人家足以显示他们的富贵而不会产生骄横的心态和行为，使贫穷的人家足可以满足基本生活需求而不至于为生存而担忧。这是当时的最高社会目标，以此为导向实行"调均"政策非常必要。"调均"不会造成富者的财富丧失而对朝廷不满进而产生不稳定的社会因素，而是国家财富充足，百姓安居，不同阶层之间和谐相处。即社会易于治理并达到理想状态。这样目标的实现其前提条件是制人道，差上下，制定上下有别的等级制定，并制定相关的等级制度和礼仪，让不同阶层的人们遵守，只有这样才能使社会治理有节有度有序，也才能够保证"调均"政策的顺利实行。

那么，制定怎样的人道，如何做到"差上下"呢？"圣人之道，众堤防之类也。谓之度制，谓之礼节。故贵贱有等，衣服有别，朝廷有位，乡党有序，则民有所让而不敢争，所以一之也。"（《春秋繁露·度制》）董仲舒认为，圣人之道就像防堤一样，为人们制定了制度、制定了礼节。所以贵贱有一定的

等级，衣服有一定的类别，朝廷有一定的位置，地方有一定的次序。这样人们就会有所礼让而不会争执。这就是用来统一人们的方法。在董仲舒看来，等级和礼节是维系社会安定的前提条件，是防止社会不安定因素的大坝和堤防。没有它的存在，社会运行是无法按照理想的轨道行进的。

董仲舒进一步认为："凡衣裳之生也，为盖形暖身也，然而染五采、饰文章者，非以为益肌肤血气之情也，将以贵贵尊贤，而明别上下之伦，使教亟行，使化易成，为治为之也。"（《春秋繁露·度制》）从衣服的色彩花纹的设置来区分上下尊卑，呈现伦理之序，有了这样的制度和礼仪就使教化得以迅速推行，并易于成功。这是为治理国家而制定的一系列制度。如果没有这样制度的保障会怎样呢？董仲舒认为，"若去其度制，使人人从其欲、快其意、以逐无穷，是大乱人伦而靡斯财用也，失文采所遂生之意矣。上下之伦不别，其势不能相治，故苦乱也。嗜欲之物无限，其势不能相足，故苦贫也。今欲以乱为治，以贫为富，非反之制度不可"（《春秋繁露·度制》）。可见，放弃服饰制度的约束，上下等级次序则没有区别，人伦会大乱，国家无法进行治理，人们会饱受祸乱之苦。要使祸乱得以治理，使贫穷者变得富有，必须恢复服饰制度。

所以，在董仲舒看来，"调均"政策的实行必须有相应的礼仪等级制度的保障。他进一步举例进行了说明，"古者天子衣文，诸侯不以燕，大夫衣缘，士不以燕，庶人衣缦，此其大略也"（《春秋繁露·度制》）。天子穿有文采的衣服，诸侯闲居时就不能穿有文采的衣服，有文采的衣服只能在祭祀时穿；大夫穿有边缘装饰的衣服，士在闲居时就不能穿这样的衣服，而这样的衣服只能在祭祀时穿；贫民只能穿没有花纹图案的衣服。

## 三 "调均"思想的现代意义

"调均"思想是不断发展的，先秦儒家中不少人提出过"调均"思想，到汉代董仲舒进一步明确提出社会发展的"更化"策略。"更化"策略表现在多个方面，其中"调均"就是其重要内容。"调均"思想表现在多个领域，不仅有经济基础上的，还有政治权利上求均衡的诉求，这是稳定社会秩序的重要举措。董仲舒的"调均"思想在今天仍然具有多重价值。

### （一）"调均"的经济意义

"调均"首先是董仲舒"更化"思想的重要内容，是对国家进行经济改革的重要建议和策略，在西汉时期具有较强的针对性，有着重要的现实意义。在今天看来仍然具有借鉴价值。国家要求干部不能经商，其根据即在此。董仲舒认为，君子仕则不稼，田则不渔，这是天道。根据董仲舒天人合一的原理，你既然当了官，已经有了俸禄和收入就不要再去种庄稼，有了田地进行耕种就不要再去捕鱼，官员不能经商也是同样的道理，如果既做官又经商或者兼做其他职业挣钱，这不仅侵占了其他群体和百姓的基本利益，也影响了自己本职工作的成效，还搞乱了社会秩序，并且容易造成官员以权谋私，甚至违法犯罪。

近年来大量的事实证明了禁止官员经商的政策是正确的、必需的。如果不加以禁止，任其发展下去，国家的经济命脉将会掌控在重权在握的少数人或少数集团手中，贫富差距的加大，将会产生很多影响社会安定的隐患。按照董仲舒的思想，这是违反天道的。"调均"的思想不仅适用于中国的经济和社会现实，对世界各国的经济政策的制定均有一定的启发和借鉴意义。

### （二）"调均"的文化意义

从"调均"对后世的深远影响来看，具有深厚的文化意义和价值。"调均"思想多由儒家提出，成为儒家思想中重要的为政入世内容的范畴，对缓和社会矛盾、调节社会关系产生了重要的影响。汉武帝接受董仲舒"罢黜百家，表彰六经"的建议后，自然就接受了儒家仁义思想，董仲舒强调"正其义不谋其利，明其道不计其功"（《汉书·董仲舒传》），"调均"即儒家仁义思想和义利思想的具体表现。通过实行"调均"政策，施政者注重施以仁政，轻徭役，薄赋敛，百姓得以安居。"调均"政策还是儒家对独立人格精神追求的体现，也是儒家实现大同思想的追求。所以，汉代实行的这种在经济上相对平均主义的"调均"政策已经儒学化，在历史上有其合理性，符合当时的社会条件，在肯定贫富差别的同时，控制了两极分化，调节了社会秩序，在一定程度上实现了"调均"的终极价值"善治""易治"，具有历史的进步性。

　　李宗桂教授认为,"真正使这种声音(儒家均平思想)持久不衰、产生深刻而久远的社会影响,成为中华民族文化的一种基因的,是汉代以董仲舒为代表的儒家的努力。质言之,促成均平思想真正成为儒家的、儒学的,并借助儒学官学地位的确立而成为主流思想的,其推动者、完成者,是西汉'为儒者宗'的董仲舒"[1]。李宗桂教授进一步认为,董仲舒的这种"调均"思想,是对先秦儒家均平思想的创造性发展。"将其提升到社会协调发展、民众生活安定心态平衡、国家长治久安的战略高度"[2],因此,他认为,董仲舒的"调均"思想已经不仅仅是一种解决经济问题的策略,更是一种强调公平的施政理念。"而从本质上是一种通过调均均衡以达到人们按其身份享受应有的相对公平待遇的中正和谐的思想"[3]。

　　按照李宗桂教授的推理,董仲舒"调均"思想的儒学化是指均平思想被纳入儒家价值系统,以礼治为核心,以五常特别是仁道为原则,成为基本的价值观念,亦是儒学以民为本思想的重要构成。即董仲舒的"调均"思想进一步容纳了儒家的仁政、大同和中道思想,承载了儒学的基本价值观。

　　从以上我们不难看出,董仲舒的"调均"思想的起点是一种经济调控政策,但从它深远的影响来看,它的意义在于社会制度的完善,对社会和个体的影响更倾向于儒家价值观念的融合与渗透,成为一种影响中国人两千年的文化价值观,进而成为一种文化传统、一种文化内核。这种思想在今天对调节社会贫富差距过大以及社会各阶层的管理上仍具有重要的参考价值,对我们增强文化自觉、提升文化自信,也具有重要意义。

(魏可音,中山大学哲学系硕士研究生)

---

①　李宗桂:《从"调均"看中国文化的优秀传统》,《哲学研究》2016年第8期。
②　李宗桂:《从"调均"看中国文化的优秀传统》,《哲学研究》2016年第8期。
③　李宗桂:《从"调均"看中国文化的优秀传统》,《哲学研究》2016年第8期。

# 传统社会治理视野下的公共祭祀及其实践

## ——以周公祭礼为例[*]

### 谷文国

**摘　要**　祭祀在古代国家和社会治理中一直占有十分重要的地位，尤其是对古圣先师的公共祭祀，更是凝聚和传达着国家意志和民族信仰。它旨在通过这种公共祭祀的方式推行一种普遍化的价值原则与伦理规范，并让其有效地分布在整个国家中，用直接教化或潜移默化的方式使人们和睦相处，进而推动彼此之间分享每一个人能向其他人和社会以及国家提供的价值，以最终促成整个国家、社会的内在和谐统一。周公祭祀作为传统社会治理中公共祭祀的历史实践，不仅揭示了公共祭祀对于整个国家和社会有效治理的重要性，也对当今加强和创新社会治理有着良好的镜鉴和启示作用。

**关键词**　圣人之教　释奠礼　公共祭祀　社会治理

在中国传统社会，祭祀是一个极具象征性意义的文化符号，在很大程度上揭示了礼乐文明的核心特色。《左传·成公十三年》载："国之大事，在祀与戎。"无论朝代如何变迁，祭祀一直以来都在人们的社会生活中扮演着重要的角色，并内化成为人们的思维方式和生活方式。无论是私人性质的祖先祭

---

\* 本文系国家社会科学基金重大项目"文化强国背景下公民道德建设工程研究"（21&ZD060）阶段性成果。

祀，抑或是公共形式的圣师祭祀，莫不彰显着中国古人独特的治理理念。以周公祭祀为例，周公以圣人的身份得到后人的祭祀，彰显的不仅是对周公本人的致敬，更是对中国人几千年来传承的礼乐文明的致敬。这种公共祭祀本身所承载的孝道精神与文教精神对于整个国家和社会的有序、有效治理有着积极的促进与引导价值。基于这种精神的历史传承和时代发展，对于响应习近平总书记的号召，提高社会治理水平，进而助推社会治理创新有着重要的理论和现实意义。

# 一　释奠先圣：从一姓到天下通祀

历史上对周公的祭祀基本上沿着两条路径展开，一个是家族祭祀，或者可以称为私人祭祀，源自周公姬姓后代对他的祭祀，如鲁国所建之周公庙对周公的祭祀。其本旨在于追慕先祖的功绩德行，属于祖先祭祀，彰显的是孝道精神。另一个则来自外部，可称为公共祭祀，主要基于历代王朝对周公的推崇和礼敬，祭祀的方式是释奠礼，本质上是对圣人及圣人之教的表彰，属于圣人祭祀，彰显的是文教精神。这两者共同构成了周公祀典的主要内容与路径。就历史而言，姬姓家族内部对周公的祭祀在鲁国灭亡之后即随之消亡，几无史料所载。不过私人祭祀之隐遁并不意味着周公祭祀的完全结束。相反，自汉代以后，周公祭祀就已经由私人祭祀之性质转变为公共祭祀，周公亦由一国一姓之奉祀转变为多朝异姓之奉祀。在历代官方政府的主祭下，周公后人亦得以致孝于先祖。故从某种程度上而言，汉代以后的周公祭祀仍连带而含有公私两种性质。

据《礼记·文王世子》所载："凡始立学者，必释奠于先圣先师，及行事，必以币。凡释奠者，必有合也。有国故则否。郑氏曰：先圣，周公若孔子。"此为周公作为先圣祭祀之始。另据《大戴礼记·哀公问于孔子》所载："合二姓之好，以继先圣之后，以为天地社稷宗庙之主，君何谓已重乎。"东汉学者郑玄认为："先圣，周公也。"可知汉代以来人们尊称周公为先圣。不过，究竟何者为先圣、先师，以及如何祭祀则引起了无数纷争。兼而言之，先圣所指更多为周公。依郑玄所注，"有国故，若唐、虞有蘷、伯夷，周有周公，鲁有孔子，则各自奠之，不合也"①。意谓各自于其国内而祀其先圣，不必为之一同。姑且不论夔与伯夷称圣之事，周祀周公，鲁祀孔子则显不可能。

周公初封于鲁，而终葬于毕，然鲁国奉周公裔，有太庙世世祀之以天子礼乐。孔子去周公五百余年，称颂周公，虽孔子有至圣之称，亦俱在鲁地，如何说各自祀之？唐孔颖达以为周公孔子皆为先圣，近周公处祭周公，近孔子处祭孔子。此恐不过是想当然之辞，二圣同处鲁地，同有庙制，则该依庙所远近分别祀周公、孔子耶？显然未尽其理。清人孙希旦说："先圣先师非一国之所得，天子与列国虽各有学，而所祀先圣先师则同，岂有各自奠之者乎？"② 这是在孔子已独享天下通祀后之看法，先圣先师都归于孔子，故不可各自奠之，已无争讼之处。

商周之际，学在官府，官师合一，并尊于上，为上层贵族所垄断，立学设教亦归于贵族之阶层。后世官学失守，遂有百家之说，不主故常，各称圣人。郑氏之说虽然不当，然其所说是官学失守后之事。孙希旦之说则显然是基于大一统后之学而言，天下通祀孔子为先圣。各有所据，不能判然断其优劣。虽然如此，后人犹有持郑注之说者。如，"古者立学必行释奠之礼，天子诸侯皆亲临之。周人祀周公，鲁人祀孔子为先圣"（余靖《武溪集·康州重修文宣王庙记》）。这与孔颖达之说并无二致。姑且不论周人和鲁人到底有何分别，鲁人掌权者恐怕多有周公之后。然其予以分别毕竟道出了个中情实。即，周公当由其后人祭祀，孔子则可由异姓通祀。这种务必将二者分开的想法显然是孔子独尊于天下以后之事，显示出后人在这个棘手问题上的武断思考。

不过，撇开分别不说，就于立学释奠周公一事而言，其意义十分重大。概而言之，此前的周公祭祀乃一家一姓之祭祀，周公是作为姬姓祖先的形象出现的，祭祀局限于其族姓后裔。此后则不同，周公以圣人的形象受到后人的公共祭祀，享释奠礼于学校。由之前祭祀的私人性质转变为某种公共性质。虽然周公殁后，代有称颂其功德之人，然而无关乎周公之祀典。行释奠礼于学校而尊先圣周公，自然意义非常。

东汉明帝永平二年（59），朝廷明定国学郡县祀圣师周公孔子。孙承泽曾

---

① （清）孙希旦：《礼记集解》，中华书局 1989 年版，第 561 页。
② （清）孙希旦：《礼记集解》，中华书局 1989 年版，第 561 页。

谓"东汉明帝永平二年，躬养三老五更于辟雍，令郡县通行乡饮酒礼于学校，皆祀圣师周公孔子"（《春明梦余录》）。似乎以释奠礼而祀周公已推行于郡县，可谓遍及于国内。此时之周公显然以圣人的身份出现，并且地位要远高于孔子。宋魏了翁说："自汉儒始有先圣先师之说……先圣之庙终汉之世不出阙里。考诸史亦未有释奠之文，不知记礼者何从受之。永平二年始诏郡县道行乡饮于学校，祀周公孔子。则先圣之祠有出于阙里者矣。然犹未有作庙之文也。"（魏了翁《鹤山集》）如其所言，此时仅是于学校行释奠礼祭祀，并未有庙制之说。至于祀典细节更难以详考。但这却透露出祭祀周公的场所是在学校而非他处。至于国学郡县祭祀圣师周公和孔子到何种程度则不得而知。由此可知，周公作为圣人受祀，既然与学校相关，必定归因于他制礼作乐之德。这就预示和奠定了后人祭祀周公的基调与特色。

到了唐代武德年间，唐高祖李渊始建周公庙于国子学，四时致祭。[①] 据此可知于国子监行释奠礼祀典周公当在周公庙中。武德七年（624），唐高祖幸国子学亲临释奠，以周公为先圣，孔子配。《旧唐书·礼仪四》记载：贞观之际，太宗亦曾驾幸国子学，亲观释奠。以异姓皇帝而亲临周公祀典，鲁国灭后，周公之荣无以上矣。周公祀典由私人性质而转为公共性质，于此而达到一个高峰。国子学尚且以释奠礼由皇帝亲行致祭周公，则流风所及，诸郡县学校想亦有此礼祭祀。此时以周公为先圣，孔子为先师，恐是沿用汉以来之制。但明白以孔子配周公，则显得尤为特立。想必迟至唐初，人们犹以先圣属之周公而视孔子为先师。未久，贞观二年（628），唐太宗罢祀周公，尊孔子为先圣，以颜回配。这种"反动"显然是针对唐高祖所定的礼制而言的。

显庆二年（657）七月，礼部尚书许敬宗等认为"依令，周公为先圣，孔子为先师。又《礼记》云：'始立学，释奠于先圣。'郑玄注云：'若周公、孔子也。'且周公践极，功比帝王，请配武王。以孔子为先圣"（《旧唐书·礼仪四》）。虽然永徽（650—655）中复以周公为先圣，孔子为先师，但旋即复又回到太宗所设之制，仍以孔子为先圣。区别唯在周公依别礼，归王者之统，配享武王。[②] 天授三年（692），追封周公为褒德王，孔子为隆道公。

---

① 转引自黄进兴《圣贤与圣徒》，北京大学出版社2005年版，第38页。
② 参见（宋）王溥《唐会要》，中华书局2017年版，第637页。

（《旧唐书·礼仪四》）可见已以王礼视周公，而孔子尚无以及之。之所以周公以王者礼配享武王，原因不过是"成王年幼，周公践极，制礼作乐，功比帝王，所以禹汤文武成王周公为六君子"[①]。自此，将周公挤出学校所行祀典之外，不再享有释奠礼，自然亦无秩祀可言。

## 二　别依王礼：从天下通祀到遣官致祭

明代邱濬（1420—1495）曾指出，"隋制祀先代王公……文王武王于沣渭之郊。周公召公配"（《大学衍义补·治国平天下之要秩祭祀》）。唐代以帝王礼祀周公或许是继承了隋制，但将成王列于其中而统称之为六君子则略显不类。事实上，六君子之说起始于汉代。《礼记·礼运》篇辨析大同、小康之别时说："故谋用是作，而兵由此起。禹、汤、文、武、成王、周公，由此其选也。此六君子者，未有不谨于礼者也，以着其义，以考其信，着有过，刑仁讲让，示民有常。"以六君子称此六人，显非孔子之本意。故后世多不言此。唐以后虽有六君子之称，已不同于此。北宋欧阳修（1007—1072）以"尧舜禹汤文武"为六君子。（《文忠集·帝王世次图序》）此后，宋人多沿袭此说，如彭龟年（1142—1206）等。自此，周公从官方祀典的礼仪中被略去，不再于学校享释奠礼，而"孔子稳居文庙享主之首的地位，名列国家祀典之中，未曾动摇"[②]。从开元二十七年（739）唐玄宗下制所言，已明白个中缘由："夫子既称先圣，可追谥为文宣王。……昔缘周公南面，夫子西坐。今位既有殊，坐弃如旧？……自今以后，两京国子监，夫子皆南面而坐。"（《旧唐书·礼仪四》）概言之，从唐以后，周公祀典已经依王者之礼，不再祀于国子学。而所谓王者之礼，更不知是何规制，有何典仪。此后但见地方书院于周公时有致祭，依释奠礼，其影响已显然无法和孔子相比。孔子另加封王者称号，兼以王者、圣人礼而受后人之祭祀。

大体而言，自此之后的周公祀典又进入一个低谷，且至今靡振。历代王

---

① （宋）王溥：《唐会要》，中华书局2017年版，第636页。
② 黄进兴：《圣贤与圣徒》，北京大学出版社2005年版，第41页。

朝对周公的祀典也渐归于消歇。虽时有皇帝之赐礼致祀，终究不过一时，旋即无闻于后。而事实上，自唐代以周公归于王者之统，别依王者之礼后，世人对周公的推崇与礼赞已经明显有了一层隔膜。更何况孔子渐次上跻而被称为至圣先师，兼有圣师之称，遂为后世士子乃至帝王云响而景从。

北宋真宗大中祥符元年（1008），宋真宗幸鲁，方追封周公为文宪王，立新庙。但不知之前周公庙存在与否。即或有之，恐怕亦不免于衰败。史载"真宗亲为之赞，立石庙中，春秋委官致祭，历代因之"（《大清一统志》卷166）。但致祭仅限于鲁地周公庙中，并未推行于全国而通祀天下。明代邱濬说自唐以前并祀周公而以孔子配，自后而专祀孔子而周公无庙，"诚阕典也，后世宜为建庙于鲁地，一视孔子。有司岁祠用释奠仪。但不通祀于天下。庶于报祀之典为称"（《大学衍义补》）。然周公建庙不仅未能"一视孔子"，而且远不如孟子祀典隆盛。这种考虑虽说基于历代周公祭典的事实，但未尝不是一种矛盾。既然建庙一视孔子，岁祠用释奠礼，但却未能通祀天下。这仍然可以视为孔子祀典背后的某种恩赐。若果如邱濬所言，宜为建庙于鲁地，似乎昭示着此前鲁地的周公庙已遭毁弃的事实。可见，历代虽时有帝王遣官致祭，周公庙仍然未能摆脱衰败的命运。

除鲁地周公庙外，元代曾于陕西岐阳书院祀文宪王，"命设学官。春秋释奠如孔子庙仪"（《元史·文宗本纪》）。这种"春秋释奠如孔子庙仪"在周公庙举行似乎已是莫大的恩宠，但肯定不会如孔子庙仪。明代宪宗成化二十二年（1486），"诏曲阜县每岁以春秋仲月致祭周公庙，仍置洒扫户四户"（《山东通志·历朝周公祀典》）。此后，明朝武宗正德十三年（1518）诏赐周公庙祭田一顷，并置祭器。神宗万历元年（1573）诏遣尚宝寺丞张孟男诣曲阜致祭周公庙，并有敕文。（《山东通志·历朝周公祀典》）此外之情实则不可或知。明代的周公庙际遇似乎要过于之前，但与孔子庙相比则相形见绌。明孝宗年间（1487—1505）忽有陡生之变。自宋朝封周公为文宪王之后，历代因之不变。明孝宗之际，竟然"革其（周公）旧有之封号，止以太师称之"（俞汝楫《礼部志稿·崇祀备考》），个中原委颇为复杂，不能一言以蔽之。虽然其针对的对象是孔子，但影响却十分深重。弘治二年（1489），山东兖州府知府赵兰陈表六事，其一即有请复周公旧有封号之乞，赵氏以为"周公制礼作乐，前代尝加谥文宪王。今一例革其旧有之封号，止以太师周公称之，恐名爵不足以副功德之实。乞会议复旧"（俞汝楫《礼部志稿·陈孔庙四仪》）。不知结果如何。此犹可彰显周公于后世之形象转变，亦足可看见后世帝王对周公祀典礼制的独霸与操纵。以至于明世宗（1507—1566）大刀阔斧修改孔庙规制，引起无数纷争。① 不过更让人匪夷所思的是竟有士人议请祀周公于孔庙之事。

据清汪琬（1624—1691）记载，时有"请祀周公于孔子庙者。公独以为不然。疏言周公制作，前代比诸帝王，今既配享武王于庙，礼数隆重。若复祀诸文庙之中，于礼为亵，非尊崇之德也"（汪琬《尧峰文钞·召议大享殿合祀礼疏言》）。不知是出于对周公之推崇，抑或是贬抑。何况若同祀于孔庙，该当以谁为尊主，以谁为配祀？不待言而知其大谬也。但不可否认的是，周公已经不再是释奠礼所关注的主要对象，即或时有祭奠，亦不过是行其例常，遵循旧制，无足轻重耳。其规格根本无法与孔庙礼仪相颉颃。加之历代祭祀礼仪皆操之于帝王之手，孔庙尚且不能保全其无上礼典尊容，更遑论周公祀典。

纵观宋元明三朝，历代官方政府致祭周公庙不过如此，时或以释奠礼祀之，亦多是委官致祭，其他仪典则不知所依。毋庸讳言，无论是祭祀之规模，抑或重要之程度，周公祭礼都不足以比肩孔子。清朝作为异族统治之主，亦于周公庙有诏赐。顺治初年便下诏鲁地周公祀典依明旧制。就明代典礼而言，此旧制当亦是春秋致祭。康熙二十四年（1685），诏给周公庙祭田五十四顷，仍拨佃户十户，耕种洒扫户十户以供庙庭使役。（《山东通志·历代周公祀典》）若相较于明代，似乎诏赐之盛要远过于彼。不论出于怀柔，抑或推崇，周公庙所享用的祀典都要远过其他几朝。这固然出于官方政府的诏赐，周公后代的上表乞求也颇有助于改善周公庙的祀典情况。

周公后代东野沛然上奏道："臣祖周公，以元圣之德，制作经纬，固与孔子并列久矣。今祠宇颓坏，拜谒寂寥，主邑仅以青衿，祭田不及百亩，不惟不能并尊于孔子，且不得比肩于颜曾孟仲。乞念传道之功，稍加优隆。"② 由

---

① 参见黄进兴《优入圣域：权力、信仰与正当性》，中华书局 2010 年版，第 108 页。

② （清）孔继汾：《阙里文献考》卷十八，转引自黄进兴《圣贤与圣徒》，北京大学出版社 2005 年版，第 46 页。

此可以看到周公庙的后世遭遇是何等不堪。当然，这也从另一个侧面反映了周公在后人眼中的地位是如何之低下。东野沛然的奏词绝非言过其实，通过历代周公祀典的规格与待遇自然可以知晓。值得欣慰的是，康熙二十八年（1689）"议准周公庙设赞礼生二十名，庙户十户，佃户十户题定仪注"（《山东通志·历代周公祀典》）。这种规格此前未始有过，可以说是真正"一如孔庙仪礼"。致祭周公庙之时，已有专门的赞礼生主持祀典，不独进一步完善了周公祀典的制度，也进一步提高了祀典周公的规制。但之后是否沿用此种规格则于史籍无征，无从看到其此后历史的发展。

总的来看，祀典周公由最初家族性质的祖先祭祀过渡到公共祭祀的圣人祭祀，经历了一个漫长的历史过程。在这个过程中，祖先祭祀意义上的周公祀典随着鲁国的灭亡而消失了。古代诸侯征讨常捣毁敌国祖庙，夺其祭器，以达到彻底的毁灭。鲁顷公二十四年（前256），楚考烈王伐灭鲁，鲁绝祀。《史记》载"东西周皆入于秦，周既不祀。司马贞《索隐》：言周祚尽灭，无主祭祀"（《史记·鲁周公世家》）。绝祀的意义不仅在于国破家亡，更重要的是自此以后无法通过祭祀这一重要的活动与祖先沟通，秉持先祖的德业。换句话说，联系祖先与后人之间的重要纽带被割断了。周公后人想以国之祭典的方式表达他们对周公的纪念都已无法获得政治上的支持和认可。纵然周公德业彪炳，亦难以在天下通祀孔子的同时得到官方政府同等的祭祀。周公祀典既已成为缺文，周公庙的留存也就失去了其本有的价值和意义。

## 三　设教安民：祭祀的文治之功

除祖先祭祀之外，周公祀典在后世始终是以释奠礼的形式呈现出来的，突显的是释奠礼在文治教化方面的价值与意义。后世以儒学治天下，其本源即来自圣人之教，更可以推之于儒家元圣周公。儒者于学校讲习"六艺六经"以教国子，化民风，其目的也在于实现圣人之教的文治功效。世传周公作礼乐，创制垂法，为儒家所宗尚。唐以前以周公为释奠之先圣，可见作为圣人所制的礼乐之教与释奠礼之关系。后人谓"设教受教当知无穷意思。死则配食乐祖，祭于学校，不特尊师敬长之义由是，慎终追远，民德归厚亦是"（王志长《周礼注疏删翼》引吕东莱语）。虽然凸显的是在学校尊师重道之意，然亦借此释奠礼而实现化成民德、移风易俗的文治教化旨趣。其中"包含着对于历史的尊重，或者说包含着对先人文化创造的尊重，对具有前后师承的正道、正法、正知的尊重"①。

《大学》所谓"大学之道，在明明德，在新民，在止于至善"，其最终旨趣即通过大学学习之路径，完成王者礼乐法度的教化之功效。《尚书·禹贡》中说，"三百里揆文教"，孔颖达注疏："此服诸侯揆度王者政教而行之……是安服王者之意。"② 可见，释奠礼的根本旨趣即在于尊师重道，通过在学校对先圣先师的祭祀，宏敷王者政教以化民成俗。后人云"古昔圣王建学育才，必先文庙而享祀先圣先师者，所以崇之，报之，师之，法之；抑亦明民生日用不可无斯道，而又不可不知斯道之所自也"（汪森《粤西文载·叶辙〈永福县学记〉》）。

虽然文庙单指孔子庙，且孔子以万世师表之形象受后世奉祀不绝，居于释奠礼之主要地位，但建学育才享祀先圣先师之意同样可以通过周公祀典而表现出来。从孔子"祖述尧舜，宪章文武"的记载来看，师儒之教有其源远流长的演进过程。师儒之教以"六经"为本，"六经其教虽异，总以礼为本"（《礼记注疏·经解》）。周公祀典之释奠礼意义正与此相同。汉末高朕为蜀郡守，"兴设学校，修周公礼乐殿"（孙奕《示儿编·事误》），则设学校修周公礼乐自当属实。师道尊严自古即皇帝至于庶民所推尚之道，后世以"天地君亲师"作为祭祀对象而供奉不已，足可彰显师与师道之崇高地位。《周礼·地官·大司徒》谓"以本俗六安万民……四曰联师儒"，可知宗周以来师儒之教在平治天下与安定万民中的作用。《竹书纪年》载，"成康之际，天下安宁，刑错四十余年不用"，未尝不是依循周公礼乐之成效。

西汉董仲舒（前179—前104）谓"教化之渐而仁义之流也"（《春秋繁露·贤良策二》），宋程颢（1032—1085）称其"必世而后仁之效乎"（《河南程氏文集》卷二），足可知礼乐教化之大功大用。史载周公最初以冢宰摄政理

---

① 焦国成：《中国传统教育伦理理念及其主要话语》，《江西师范大学学报》（哲学社会科学版）2018 年第 1 期。
② （西汉）孔安国：《尚书正义》，上海古籍出版社 2007 年版，第 244 页。

天下，冢宰即太宰，职守是"掌建邦之六典，以佐王治邦国"（《周礼·太宰》）。六典之中"二曰教典，以安邦国，以教官府，以扰万民"，郑玄谓"扰犹驯也"，即恒顺万民之意。圣人之教以"教典"的形式成为制度化的准则，发挥其在政治方面的功效。宋王昭禹谓"上无教则百姓不亲，五品不逊而国危矣，故曰安邦国"（王与之《周礼订义·天官冢宰》引王昭禹语），已将关注的重心放在执政者身上，意欲通过自上而下的路径实现教典"安邦国"的宗旨。

郑锷（1115—?）云："官府，教之所自出，不知设教之意，安能教人，故言教官府。"（王与之《周礼订义·天官冢宰》引郑锷语）是从官府的角度凸显教典的重要地位。元人毛应龙认为，"安者使安其分得其所。教则授之以为治之意，使之习熟于告戒，然后施之事者无悖也。扰如扰龙之扰，驯伏其性而调顺之"（毛应龙《周礼集传·天官冢宰第一》）。安邦国、教官府的最终目的是"以扰万民"，使天下百姓能够各安其所，达到《尚书》所讲的"黎民于变时雍"的和顺之境地。由此可知建教典在治理国家政治层面之意义，其文教的价值与意义亦在于是。

## 四　鉴往知来：以公共祭祀助推社会治理

周公祀典是以释奠礼的形式展现的，代表的是官方政府对周公的礼遇，因而兼有文教和政治两个方面的权威。一方面，文教是历朝历代政府治理国家和社会所赖以依循的最高准则，是圣人之道和圣人之教的象征，代表了整个国家和社会的核心价值追求和道德取向。另一方面，官方政府的公开表彰直接反映了一个国家的最高意志，并以世俗权力的方式积极推动着文教精神在社会中的实践和弘扬。正是在这个意义上，孔子传达了如下的观念："入其国其教可知也：其为人也温柔敦厚，《诗》教也。疏通知远，《书》教也。广博易良，《乐》教也。絜静精微，《易》教也。恭敬庄俭，《礼》教也。属辞比事，《春秋》教也。"（《礼记·经解》）故而文教所成之风气，影响甚大。可以说"以奉宗庙则敬，以入朝廷则贵贱有位，以处室家则父子亲，兄弟和，以处乡、里则长幼有序"（卫湜《礼记集说·礼器第十》）。

周公祀典在周公庙举行，既是官方政府借由加封、致祭宣扬文教思想和伦理原则的重要仪式，也是后世儒家学者和百姓通过参拜、祭祀感受礼乐精神的有效路径。由此而形成一种尊崇圣教的风气，自古即被视为圣典①，以一种制度化的形式表现出来，还逐渐凝结为整个民族的文化精神，普遍规范着人们的行为。然而，这种祀典"教化也微，其止邪也于未形，使人日徙善远罪而不自知也，是以先王隆之也"（卫湜《礼记集说·经解第二十六》）。对周公祀典的推崇，本意即通过自上而下的路径更好地实现整个国家和社会良好治理的宏旨。

对于传统社会而言，公共祭祀圣师的目的在于推行一种普遍化的价值原则与伦理规范，不仅表彰那些毕生口诵言行圣人之教的儒家学者，也敦促那些普通民众向圣人之教靠拢。尽管周公祭祀有时间和地域及规格的限制，但它本身所关心的不是外在的形式，而是如何让这种普遍化的价值原则和伦理规范有效地分布在整个国家中，用直接教化或潜移默化的方式使人们和睦相处，使他们相互之间分享他们每一个人能向其他人和社会以及国家提供的价值，并最终促成整个国家、社会的内在统一。

习近平总书记在谈到社会治理时曾说过："一个现代化的社会，应该既充满活力又拥有良好秩序，呈现出活力和秩序有机统一。"② 这既是自古以来以公共祭祀的方式设教安民的旨趣所在，也是当前打造共建共治共享的社会治理格局的必由之路。十二届全国人大常委会第七次会议全票通过的决定将 12 月 13 日确定为南京大屠杀死难者国家公祭日，其背后折射的公共祭祀的精神，正是对古人制定祀典时所追求的"以死勤事则祀之，以劳定国则祀之，能御大灾则祀之，能捍大患则祀之"（《礼记·祭法》）的继承和发展，彰显的正是国人所秉持的坚定信念和立场。从这个层面而言，人们可以而且应该从优秀传统文化中汲取丰富的经验智慧，助推当前的国家治理和社会治理。

（谷文国，中国佛学院讲师）

---

① 参见柳诒徵《国史要义》，上海古籍出版社 2007 年版，第 141 页。
② 《论把握新发展阶段、贯彻新发展理念、构建新发展格局》，中央文献出版社 2021 年版，第 376 页。

# 章太炎的礼学研究探析

## 魏立帅

摘　要　章太炎对礼学颇为重视，他考证《周礼》的作者和成书年代，强调该书的实用性；考辨《仪礼》的成书过程，重视《丧服》研究的现实意义；考量《礼记》，驳斥改良学说的理论基础，对学术研究和当时政治有双重影响。其礼学研究特色鲜明：一是礼时为大，关注礼的现实意义；二是"六经皆史之方"的学术研究态度，而非盲目的经学思维；三是学有所法，但不囿于门户之见的学术视野。章太炎的礼学研究秉持经世致用传统，充满了"实学"精神。

关键词　汉学　章太炎　礼学　经世致用

　　清代汉学，又称古文经学、朴学或考据学、乾嘉之学，"其治学根本方法，在'实事求是'、'无征不信'。其研究范围，以经学为中心，而衍及小学、音韵、史学、天算、水地、典章制度、金石、校勘、辑逸等等；而引证取材，多极于两汉，故亦有'汉学'之目"①。章太炎（1869—1936），原名炳麟，字枚叔，号太炎。他出身书香门第，九岁起从外祖父朱有虔读书，1890 年起师从俞樾在诂经精舍学习。后来，他又参加维新运动和辛亥革命。

---

① 梁启超：《清代学术概论》，载朱维铮校注《梁启超论清学史二种》，复旦大学出版社 1985 年版，第 4—5 页。

晚年他在苏州设立章氏国学讲习会，著述颇丰。章太炎被称为晚清汉学殿军，研究范围广泛，礼学研究是其中非常重要的一部分。

# 一 《周礼》考辨

两汉以来，《周礼》一直是今文经学和古文经学之争的焦点之一，对此有两种截然不同的态度。褒之者称其为治世之宝典，贬之者则将其归入"伪书"行列。章太炎考证后认为，该书是记载古代典章制度的政治书籍，曾在历史上产生过重要影响。

1. 考证《周礼》的作者和成书年代

对于《周礼》的作者和成书年代，历来学者意见歧互，其中以《周礼》为周公手作说影响最大。此说源出刘歆，郑玄、贾公彦继之，后世学者影从者甚多。章太炎不完全认同这一看法，他认为《周礼》"非一时一人之作"，而当如历代会典，在形成过程中曾屡有增损。他说："创始之功，首推周公，增损之笔，终于穆王耳。"① 此说证据有三。

一是以《职方篇》《康诰》《酒诰》互相参证，证明《周礼·夏官》一文为周穆王时所作。据他考证，《职方篇》中记载的中国疆域，与周初疆域出入较大，《周礼》非周公一时所作可明。而"穆王以后，则未见修改之迹"。因此，章太炎断定："周公以后、穆公以前，《周礼》一书，时有修改。"②

二是以《管子》证之。他认为："管仲治齐，略变《周礼》之法，《小匡篇》及《齐语》并载桓公问为政之道，管子曰：'昔吾先王昭王、穆王，世法文、武之远绩，以成其名。'"据此，章太炎说："《周礼》至穆王乃定，此其一证。"

三是《周礼》所载萍氏之水禁与《酒诰》不符。章太炎说："《周礼》萍氏掌国之水禁，几酒、谨酒，其法不甚严厉。……如言《周礼》之作在周公时，则萍氏显违《酒诰》之文。《酒诰》曰：'群饮，汝当佚，尽执拘以归于

---

① 章太炎：《国学讲演录》，华东师范大学出版社 1995 年版，第 95 页。
② 章太炎：《国学讲演录》，华东师范大学出版社 1995 年版，第 95 页。

周，予其杀！'不仅几酒、谨酒而已！此亦可见《周礼》之屡有修改。"①

现在看来，章太炎对《周礼》成书时间的估算要早了。据后来学者研究，《周礼》一书大约形成于战国时代，问世则要更晚一些。章太炎的见解不免为当时的历史条件所限。但是他反对把《周礼》看成一代圣人所作，而认为它是较长历史时期的产物，是有相当见地的。

2. 辨明后世对《周礼》的非议

对于《周礼》，历代褒贬不一。汉代刘歆称它为"周公致太平之迹"的经典；清儒孙诒让坚信《周礼》"为先秦古经，周公致太平之法，自无疑义"（孙诒让《周礼正义·序》）。东汉以来攻讦者不乏其人，林硕称之为"末世渎乱不验之书"，何休斥它为"六国阴谋书"；宋人胡安国、欧阳修、苏轼、苏辙也多有毁《周礼》之言；康有为《新学伪经考》明确宣布《周礼》为刘歆、王莽伪作。章太炎对《周礼》基本持肯定态度，他辩驳了历代对《周礼》的非议。

关于汉儒因何称《周礼》为渎乱不验之书，章太炎进行了分析。他解释说："《周礼》自七国时已不甚传。虽以孟子之贤，犹未之见，故言封建与《周礼》全异。（孟子言：'公、侯皆方百里，伯七十里，子、男五十里。'《周礼》谓公五百里，侯四百里，伯三百里，子二百里，男百里。）汉初儒者未见《周礼》，而孟子之说流传已久，故深信不疑。"贾谊虽见过《周礼》，但由于"患诸侯王尾大不掉"，亦不肯明征。可见，《周礼》并非渎乱不验之书。"至谓《周礼》为六国阴谋之书者，汉人信《孟子》，何休专讲《公羊》，故有此言耳。"据此可知，以《周礼》为阴谋之书，实是公羊学家对古文经学的诬造。对于后人"以王莽、王安石皆依《周礼》施政而败，故反对《周礼》"的做法，章太炎提出了批评。他说："二王致败之由在不知《周礼》本非事事可法，只可师其意，而不可袭其迹。"② 在他看来，二王变法失败之因是他们墨守古制，不能归在《周礼》身上。

综合以上分析，章太炎认为，"《周礼》者，成周之典"③，"经国家、定社

---

① 章太炎：《国学讲演录》，华东师范大学出版社1995年版，第97—98页。
② 章太炎：《国学讲演录》，华东师范大学出版社1995年版，第100—102页。
③ 章太炎：《国故论衡》，商务印书馆2017年版，第93页。

稷之书也"①，"林硕以为黩乱不验之书，何休以为战国阴谋之书"都是无知妄言。

3. 强调《周礼》的实用性

1897 年，为宣传维新变法，章太炎同宋恕、陈虬等发起成立兴浙会。在《兴浙会章程》中他写道："大抵以《周礼》、两戴记为最要，由训诂通大义，足以致用。"在这里，章太炎沿袭了经学传统中的经世致用路径，希望从古圣经典中寻找救世良方。正是秉持了经世致用传统，面对晚清那种"三千年未有之大变局"，章太炎才走出书斋，参加了戊戌变法运动。当变法图存之路走不通的时候，他又投入了辛亥革命的大潮，用自己所学为革命服务。

民国时期，社会上关于建立孔教的呼声甚嚣尘上。针对此一主张，章太炎从《周礼》中寻找证据予以反对。章氏以为："观《周礼》神仕诸职，皆王官之一守，不以布于民常。"② 以此为基础，结合其他材料，章太炎认为中国素无国教，因而他反对当时在中国建立孔教的建议。可见，他研究礼学是有其现实性的。这一治学路径，继承了嘉道以来学者利用礼学来拯救世道人心的努力，想把礼学运用到现实生活中去。


## 二 《仪礼》考证


《仪礼》，原称《礼》。汉代称为《士礼》，又称《礼经》，晋代改称《仪礼》。《中庸》云："礼仪三百，威仪三千。"《礼记·礼器》云："经礼三百，曲礼三千。"章太炎认为，"礼仪""经礼"就是《周礼》，"威仪""曲礼"指的就是《仪礼》。③ 章太炎对《仪礼》的考证集中于两点。

1. 探求《仪礼》成书过程

关于《仪礼》是何时由何人编订成书的问题，自来就有周公说、孔子说以及六国儒家编订说等几种不同观点。章太炎继承古文经学派师说，反对今

---

① 章太言：《国学讲演录》，华东师范大学出版社 1995 年版，第 94 页。
② 章太炎：《学问与革命》，崇文书局 2019 年版，第 149 页。
③ 参见章太炎《国学讲演录》，华东师范大学出版社 1995 年版，第 103 页。按：这仅是章太炎的一家之言，大多数学者还是认为礼仪、威仪、经礼、曲礼皆指《仪礼》。

文经学派认为《仪礼》定于孔子说，主张"《礼》五十六篇，皆周公旧制"，并作《孔子制礼驳议》申明之。

按，皮锡瑞《经学通论·三礼》有："礼十七篇，盖孔子所定。《檀弓》云：'恤由之丧，哀公使孺悲学士丧礼于孔子，《士丧礼》于是乎书。'据此，《士丧礼》出于孔子，其余篇亦出于孔子可知。"① 对此，章太炎认为，皮锡瑞错误的原因是曲解了"书"之含义，这里言"书"，不言"作"，意谓"旧礼崩坏，自此复著竹帛"，言下之意，礼早已存在，孔子只不过是做了一点继承工作罢了。他还进一步驳诘说：即使《士丧礼》出于孔子，也不可证得《丧服》等篇为孔子所作，"《丧服》礼兼上下，又非《士丧》之篇，文不相涉"。《丧服》篇既然非孔子所作，那么《仪礼》作于孔子之说自然不能成立。

又按，《孟子》曰："诸侯之礼，吾未之学也。"章太炎认为孟子此言也是驳孔子制礼说的一个有力证据。正是因为"经礼三百，曲礼三千，制自周室，不下庶人，其后礼崩乐坏，当孔子时而已不具，故儒者不得篇篇诵习。若制自孔子者，下逮齐宣，才百有余岁，非残缺之限，孟子又无容不学也"②。这一认识是非常有见地的。

此外，章太炎还从《春秋左氏传》《墨子》等古代典籍中搜求证据，以证己说。章太炎的结论是，他既认为《礼》为周公旧制，又承认它非成于一人之手，孔子有发扬光大之功，这与目前学术界的观点基本吻合。如詹子庆在《对礼学的历史考察》一文中指出："'周公制礼'之说，不像经今文学家判断的那样是子虚乌有的传说，而应属于信史，现可确认，以后成书的《礼经》（《仪礼》《周官》《周礼》），它们依据的最早蓝本，应包括'周公制礼'留下的残篇断简。"③

2. 重视《丧服》研究的现实意义

《丧服》是《仪礼》中记录丧服制度的专篇，不仅规定了父子、夫妇、男女的等级，还规定了君臣的关系。历代王朝都十分重视五服制度的制定和推行。考订丧服是清儒治礼的重要内容，因为宗法制度是维系社会秩序的基础，而丧

① （清）皮锡瑞：《经学通论》，中华书局1954年版，第13—14页。
② 傅杰编校：《章太炎学术史论集》，云南人民出版社2008年版，第449页。
③ 詹子庆：《对礼学的历史考察》，《东北师范大学学报》（哲学社会科学版）1996年第5期。

服最能详备显现出宗法的关系，同时也与人们的日常生活关系较为密切。

章太炎于《仪礼》诸篇的研究中，也独重《丧服》。不仅著有《丧服依开元礼仪》《丧服草案》《丧服概论》等专论，还有《高曾同服说》《宋光宁二宗为宁圣慈烈后服议》《适子不得后大宗议》等单篇。章太炎之所以重视《丧服》研究，是因为他认为《丧服》含有"团体固结，虽陵夷而不至澌灭"的文化民族主义成分①，而"清礼既不可行，而轻议者又多破碎"②，因此有重提《丧服》的必要。

关于《丧服》制度，章太炎认为："定丧服者凡四家：一曰《礼经》，二曰《唐开元礼》，三曰《明孝慈录》，四曰《清通礼》。宋世尚略有更定，合之前四，共为五家。"③他曾详细比较《礼经》和唐、宋、明、清四代《丧服礼》的异同，斟其得失，一一列举。经过比较，他认为唐代《开元礼》没有以上三家的谬误，"故《开元礼》虽未能事事精整，犹可依以施行。……上视礼经，诚犹瑾瑜之匿微瑕。下视三家，可谓玉之章章，胜于珉之涸涸者远矣"④。较为完美。章太炎正是在《开元礼》的基础上，因革损益，编订了《丧服草案》。章太炎对《丧服》的研究主要是出于现实的需要，他对古代礼制的比较研究，对后来的研究者而言具有重大的借鉴意义。

## 三 《礼记》考量

《礼记》是儒家关于礼学的一部论文集。关于《礼记》的作者和成书问题，历代经师看法不一。唐代陆德明《经典释文·序录》谓："《礼记》者，本孔子门徒共撰所闻，以为此记。后人通儒各有损益。故《中庸》是子思伋所作，《缁衣》是公孙尼子所制。郑玄云：'《月令》是吕不韦所撰。'卢植云：'《王制》是汉时博士所为。'"后传至汉人后苍，再授戴德、戴圣、庆普三人。陆氏此说较具权威性，为后世众多治《礼》者所承袭。

① 章太炎：《国学讲演录》，华东师范大学出版社 1995 年版，第 107 页。
② 章太炎讲演，潘景郑笔述：《丧服概论》，《国学商兑》1933 年第 1 卷第 1 号。
③ 章太炎：《太炎文录续编》，上海人民出版社 2014 年版，第 19 页。
④ 章太炎：《太炎文录续编》，上海人民出版社 2014 年版，第 22 页。

　　章太炎承接前人之说，又有所发展。他认为："二戴所录，有非礼家之言"，而兼采诸子之文及汉人之作者。如其中的"大戴之《千乘》《四代》《虞》，戴德《诰志》《小辨》《用兵》《少闲》七篇，采自《孔子三朝记》"。另外，大戴《立事》以下十篇录自《曾子》，小戴《中庸》《坊记》《表记》《缁衣》四篇当为子思之书。又大戴《武王践阼》录自《太公阴谋》，原为道家之书。小戴《王制》为汉孝文帝令博士所作。① 这些观点未必都正确，但可作一家之言，供参考之用。

　　皮锡瑞著《王制笺》，以《王制》为素王孔子改制之书，又作《论王制为今文大师即春秋素王之制》再次宣扬。章太炎不囿于其师俞樾亦主素王制法之说，大力伸张《王制》非孔子改制之作。第一，《王制》荒忽疏陋之处颇多，非孔子所作。他指出，"周尺""东田"之文，经文错乱，非孔子之作甚明；言"制禄"部分，"又参半本孟子，孟子自言去籍以后，其详不闻。当孔子时，周典犹在，纵欲改制，不当适与孟子所略闻者同"②。第二，《王制》对官制的考证尤为凌乱不经，既昧于设官分职之略，又与《孟子》所说不合，却与《昏义》《尚书大传》《春秋繁露》相符。总之，《王制》非孔子所作，乃不达政体者为之。

　　章太炎认为，《王制》不仅不合于汉制，而且不合于周制。他引汉代官制与《王制》比较，发现二者差距较大。再以周制验之，《王制》也难成立。《王制》所言天子经费、疆域等与《尧典》《周官》《公羊》诸家记载均不一致。由此，章太炎得出结论：《王制》乃孔子为汉制法之说不能成立。皮锡瑞等宣讲《王制》，目的是为孔子改制寻找证据，神化孔子，从而为其维新改良主张服务。章太炎此论不仅考证翔实，具有学术价值，而且驳斥了改良学说的理论基础，对学术和政治有双重意义和影响。

## 四　章太炎礼学研究的学术特色

　　章太炎生逢晚清乱世，自幼接受蒙学教育，后师从俞樾在诂经精舍学习，

---

① 参见章太炎《国学讲演录》，华东师范大学出版社 1995 年版，第 108—109 页。
② 张心澂编著：《伪书通考（上）》（修订本），商务印书馆 1957 年版，第 402 页。

具有扎实的国学功底。后来，他参加维新运动和辛亥革命，又曾东渡日本，受近代西方思想的影响颇多。丰富的人生阅历和融通中西的视野，使他的礼学研究别具学术特色。

### 1. 礼时为大，关注礼的现实意义

章太炎对礼的现实意义的重视远远大于学术探讨。他在《礼隆杀论》中指出，施恩报德、尊用贤人、礼敬老者等方面的礼节应该被继承，而服务于专制主义的跪拜、祭祀诸礼，迷惑百姓，应当被废止。章太炎晚年极力推崇《论语》《孝经》《大学》《儒行》《丧服》诸篇，主要也是基于现实需要，试图行"礼法"、明"定分"，提倡礼教。

即如，章太炎对丧服的重视就是从现实需要出发的，因为这个问题关涉人民生活又关乎世道人心。他认为："国家昏乱，礼教几于坠地。然一二新学小生之言，固未能尽变民俗。如丧服一事，自《礼经》以至今兹，二三千年，未有能废者也。……以民国未定丧服，民间讣告，则改遵制成服曰遵礼，问以依据何礼？即人人不能自言，盖景附《清礼》而已。"① 基于此，章太炎才斟酌古代丧服礼仪，提出以开元礼为蓝本来制订丧服。可见，实用性，为现实服务才是章太炎最为关注的。对于有人"今布大氏用木棉，俗惟斩齐用麻"的问难，章太炎用沙门所服单衣为麻衣来应之，并用孔子"尔爱其羊，我爱其礼"作答，旗帜鲜明地表达了自己的观点。而对于过时的礼仪，他则主张坚决废除，如作《拜跪举废议》主张废除跪拜。"礼时为大"是一种进化论的思想，既承认礼仪随社会发展而不断变化发展，也承认礼仪风俗的地域性。

### 2. "六经皆史之方"的学术研究态度

章太炎认为《礼》《乐》都是周朝的法制，《周礼》有太卜的官，是掌《周易》的。他提出在研究中必须坚持"必以古经说为客体、新思想为主观"的观点，明确指出被崇奉为万古不刊的典谟圣训的儒家经典《尚书》《春秋》《礼》《乐》《诗经》《易》只不过是一批历史文献，从而揭开了"六经"的神秘面纱，为科学地开展经学研究和礼学研究奠定了基础。这一思想突破了经学研究的范畴，具有了近代学术研究的色彩。

---

① 章太炎：《太炎文录续编》，上海人民出版社 2014 年版，第 19 页。

当然，章太炎的研究也夹杂着守旧和过时的内容。由于处于近代学术的转型期，他的研究还有明显的传统经学痕迹，依然保留了经师治经的一些特点，如鲜明的古文经学立场，以及研究中的"经学思维"等。但从总体来说，他的研究已经突破了陈旧的经学观（神学目的论、政治功用论、伦理劝教论）、迂腐的研究方法（神怪、附会、琐碎考据），初步确立了近代经史观，并开始用近代学术研究方法来研究经典。

3. 学有所法，但不囿于门户之见的学术视野

步入晚清，随着理学和今文经学的"复兴"，古文经学相对衰落。这样，一些汉学家开始打破门户之见，吸收采纳宋学和今文公羊学派的主张。如俞樾治《春秋》就颇右公羊学，"为学无常师，左右采获，深疾守家法违实录者"①。这也影响了章太炎。

他早期的《诂经札记》《膏兰室札记》和《春秋左传读》等著述就体现了这一学术特色。第一是受汉学末流影响较深，但是不囿于门户之见。如在《诂经札记·躐席解》中，他就曾采纳宋学的观点。《躐席解》是章太炎对《礼记·玉藻》篇的考证文字。在文中，章太炎虽然把宋末元初的理学家陈澔称为"妄人"，但他不因人废言，认为陈澔的一些见解也有可取之处。第二是在今古文兼容的基础上不唯汉是从，敢于批评古文经说的错误。如在《士大夫五祀三祀说》中通过考订周、楚以及晋国的礼俗变迁，指出郑康成对《曲礼》《王制》篇"皆不得其解"。

再如，章太炎说《礼》主要持古文经说，但并不排斥今文经。章太炎治经虽然师承古文经学家法，但是他也吸收赞同今文经学的有益成分。如《周礼》是最重要的古文经《礼》书，初名较多，刘歆始改称《周礼》，这为章太炎所肯定。他说："今观《周礼》，知刘歆之言不谬。"②章太炎认为，《礼记》一书杂糅今古文之说，读者应有所分辨。有的篇章，如《王制》为今文家言；有的则无今古文之异，如《儒行》《大学》《表记》《坊记》《缁衣》《丧礼》《丧服》等篇，"皆言寻常修己治人之道，亦无今古文之异。凡此，皆《礼记》之可信者"，因此，他主张用比较平和的态度看待该书，不必拘泥

① 章太炎：《学问与革命》，崇文书局 2019 年版，第 34 页。
② 章太炎：《国学讲演录》，华东师范大学出版社 1995 年版，第 95 页。

于今文经学和古文经学的绝对对立和纷争。但他又认为："若言典章制度，则宜从古文不从今文，古文无谬误，今文多纰漏也。"① 这又将其古文经学立场表露无遗。总地说来，章太炎论《礼》，尊崇古文，但并不完全排斥今文，已开始摆脱经学的藩篱。

　　需要指出的是，这个时期章太炎治经虽不囿于家法，但并不是没有家法，只是说他不像以前古文经学家那样墨守家法。从总体上说，章太炎早期的经学研究曾经受到汉学末流的影响，其治学思想基本上还局限于旧学之中。他治经走的仍然是通经致用的老路，从经文出发，借经文发挥个人的政治主张。具体到礼学方面，其内容多是对旧礼的考释，缺乏新意和时代特色，整体上缺乏蓬勃向上的思想气息。同时我们也应该看到，这一时期，章太炎学术思想的主流虽是旧学，但已初步表露出冲破古典经学的倾向。特别是进入 20 世纪后，他的学术研究不仅摆脱了汉学末流的局限，而且超越了乾嘉汉学的"求实"精神，走上了现代学术"求真"的道路。

（魏立帅，中国社会科学院当代中国研究所助理研究员）

---

① 章太炎：《国学讲演录》，华东师范大学出版社 1995 年版，第 109 页。

# 实性·实绩·实教
## ——颜元实学思想研究

孙庆峰

**摘　要**　颜元是我国清末明初著名的实学思想家，其思想在古代实学家中自成一格。其实性论主张"形性不二"，认为人之性只有一个，即依托人之形体之上的气质之性，反对程朱理学将人性分为天命之性、气质之性；其为学论主张要以对国家社会实际有用为目的，面向有实效的知识技能，通过实践进行学习；其经世论注重政策的实际效果，主张以实事实绩造福天下百姓；其实教论主张"宁粗而实，勿妄而虚"，认为教育要真正培养对社会有用的人才。颜元实学思想丰富了中华优秀传统文化，也为后来实学的发展提供了有益的启示。

**关键词**　实性　实学　实绩　实教

颜元生活在明末清初的大变局时代，明崇祯八年（1635）出生，清康熙四十三年（1704）离世。他长期生活在农村，广泛接触社会底层人民，亲身体会基层的艰辛和困苦，对社会实际有着全面深刻的了解。他性格坚韧，遭逢家国多故，反而益加顽强，极力思考理论与实际相结合之路。除了启蒙受教之外，他学无师承，学习条件又十分艰苦，也正因为如此，他不为学术门派所困，走出了一条别具一格的实学之路。

# 一 "性即是气质之性"的实性论

实性论是颜元实学思想的基石。他倡导实行、实用，都是人之实性的对外发用。他认为性就存在于人的自然形体中，这就是气质之性，"性即是气质之性"①。颜元认为，万物的性与形因为禀受宇宙中的理与气而产生，既然宇宙中理与气是不可分离的统一体，那么性和形也必须是完整的统一体。他指出："形，性之形也；性，形之性也，舍形则无性矣，舍性亦无形矣。"② 性与形的相互关系是相即相合、不能分割的，所以"形性不二"。他否定存在一个抽象的、脱离形体的天命之性。

在颜元看来，这种落在气质上的性，才是人们可以在实践中把握的真实的性。去掉人性所依托的气质而言性，性就会成为虚幻的无用的道理。颜元说："去此气质，则性反为两间无作用之虚理。"③

颜元认为，人之本性均为善。性是气质之性，气质是性的依托，性与气质是一个辩证统一的关系。人之性为善，则气质也必须是善的。他反对气质有恶，反问说："可谓性为善，气质偏有恶乎？"④ 颜元认为，"情"是人心中元亨利贞四德发用到外物上的表现，"才"是元亨利贞四德之力，因此"情"与"才"也是善的。颜元指出人之所以恶则是由于引蔽习染，但这不是人性的本来面貌，"人性之有引蔽习染，而非其本然也"⑤。引蔽习染是指人在生活中遇到外界环境影响。他还认为恶的成因是人误用其情，即误用恻隐、羞恶、辞让、是非四端之情。

既然人之本性都是善的，人之形体也是善的，那么人们就应该努力"践形""尽性"。在颜元看来，既然性形不可分，性就是形之性，那么"尽性"和"践形"就是一分为二、又合二为一的关系。"践形"不仅要践外在之形，

---

① （清）颜元：《存性编·明明德》，《颜元集》，中华书局1987年版，第2页。
② （清）颜元：《存人编·唤迷途》，《颜元集》，中华书局1987年版，第128页。
③ （清）颜元：《存性编·棉桃喻性》，《颜元集》，中华书局1987年版，第3页。
④ （清）颜元：《存性编·棉桃喻性》，《颜元集》，中华书局1987年版，第3页。
⑤ （清）颜元：《存性编·性图》，《颜元集》，中华书局1987年版，第23页。

还要践形中之性；"尽性"不仅要尽人心之性，还要尽人的形体之性。颜元认为，形体是人的"作圣之具"①，所以"人不能作圣，皆负此形也"②。因此，人要努力学习圣人去"践形""尽性"，让形体内蕴藏的各种美好表现出来，"尽性者于形尽之"③。这种美好既包括人内心中天赋善性的充分呈现，又包括生理器官作用的充分发挥，还包括人对社会良善作用的充分彰显。

## 二 "实行""实用"的为学论

为学论是颜元实学思想的重要内容。他将"为"字与"学"字联系在一起，指出学的内涵应是"为学"，表示学的方式不应只是讲、读、著、述，更多应是行、习、动、用。

颜元讲学习时，有两个立论背景需要注意。一个是他炽热的为民情怀。颜元生长在明末清初，痛心于生灵涂炭，所以他将保障百姓的生命权、生存权、发展权作为国家社会最重要的事务，作为学习和学术的最重要目的。二是他对人之生命的有限性的认识。颜元意识到，个体的生命长度有限，精力旺盛之时则更短暂，所以必须集中时间、精力学习对国家、社会、百姓有用的实务。

颜元认为，为学之道不能只面向古书，亦不能只谈论天理、性、命。他说："盖性、命之说渺茫，不如实行之有确据也。"④ 他主张学习要面向对社会有益的实务。颜元指出："盖诗、书、六艺以及兵、农、水、火在天地间灿著者，皆文也，皆所当学之也。"⑤ 这就是说，凡是人类创造的灿烂的文化，都应该去学。这里所引的诗、书、六艺可以帮助人们培养品德与陶冶性情，而兵、农、水、火等都是能够用之于社会、造福百姓的实事实务。

在为学之道上，颜元思考的重点是怎么从知到能的问题，也就是如何能

---

① （清）颜元：《存性编·棉桃喻性》，《颜元集》，中华书局 1987 年版，第 3 页。
② （清）颜元：《存性编·棉桃喻性》，《颜元集》，中华书局 1987 年版，第 3 页。
③ （清）颜元：《存人编·唤迷途》，《颜元集》，中华书局 1987 年版，第 128 页。
④ （清）李塨：《颜习斋先生年谱·四十九岁》，《颜元集》，中华书局 1987 年版，第 755 页。
⑤ （清）颜元：《存学编·性理评》，《颜元集》，中华书局 1987 年版，第 59 页。

从"格物""致知"跨越到"治国""平天下"。在颜元看来，朱熹和王阳明的理论都无法让儒者肩负改造世界的治国平天下的使命，这是因为片面的道德学习离改造社会的能力之间相距甚远。

经过反复思考，颜元提出，要从知跨越到能，必须采取动态的学习方法，面向实事实务，用全身的精力去练习、行动和实践。他强调练习和实践的重要性。他说，"习"是先圣孔子的真正为学方法：

> 吾夫子之学，"学而时习之"之学也。习礼、习乐、习射御、习书数，以至兵、农、钱、谷、水、火、工、虞，莫不学且习也，故曰"博学之"。①

颜元强调，"习"字是学习的要领所在，不用"习"的方法来学习，终究是无用的。他说："心中醒，口中说，纸上作，不从身上习过，皆无用也。"②

为学的先后次第，颜元主张行动在先。他将《大学》中的"格物"独树一帜地解释为"犯手实做其事"③，于是《大学》讲的"致知在格物"就意味着，只有实际行动才能获得知识。这样，人们要学习事物，就必须先行动，认识是随着行动产生的。颜元认为，行中蕴含着知，行可以检验知，不经过实践活动，就难以获得真正有用的知识。所以，在学习中，行比知更重要，思不如学，而学必以行。

颜元特别重视学以致用，认为这是儒学的真精神，是应该大力继承和发展的儒家真学。他反对儒者闭门做学问，反对仅仅读书明理，认为这样的人只能称为学者或文人，而不能称为儒者。他批判宋儒说：

> 宋儒偏处只是废其事；事是实事，他却废了，故于大用不周也。人皆知古来无无体之用，从来无无用之体。既为无用之体，则理亦虚理。④

---

① （清）颜元：《阅张氏王学质疑评》，《颜元集》，中华书局 1987 年版，第 490 页。
② （清）颜元：《存学编·性理评》，《颜元集》，中华书局 1987 年版，第 56 页。
③ （清）钟錂编：《颜习斋先生言行录·刚峰第七》，《颜元集》，中华书局 1987 年版，第 645 页。
④ （清）颜元：《朱子语类评·训门人类》，《颜元集》，中华书局 1987 年版，第 285 页。

颜元认为，宋明儒者不讲功用，不重实事，其所谈论的体用兼备，最后只能演变为"无用之体"，其所谈论的心性道理也就成了虚理，对国家社会事业没有实际促进作用。

## 三 "为天地造实绩"的实事经世论

经世致用是颜元实学思想的一条主线。颜元思考问题总是从现实角度出发，相对于道德治世，他更看重实事经世。他深刻看到明末清初社会存在着战乱灾害严重、百姓赋税沉重、社会贫富两极化和社会治理失效等严重问题，有针对性地提出了一系列解决方案。这些方案的出发点都是为百姓做实事，为社会造实绩，为后世开太平。他向往上古的尧舜之治，期待世间能够重现这种盛世，所以，他的实事经世论充分参考了先秦儒者一直强调的社会治理等思想，并结合社会实际加以改进。

清朝建立之初，除了因战乱导致人少地多的地区外，各地土地占有差距问题已经比较严重。在这种社会背景下，颜元提出了均田论。他认为从政泽民的首要之事，即实行均田。学生李塨问他："出将奚先?"他回答说："使予得君，第一义在均田。田不均，则教养诸政俱无措施处。"① 那么，怎么实现均田? 在颜元看来，最理想的方式是恢复周代之井田制。而在平分土地的过程中，如遇高低不平的地形时，则不必拘泥古制，只需依据实际地势划分。总而言之，核心要义是可以设井田则设、不可以则均分田地，"可井则井，不可则均"②。

清初农民税负沉重，颜元提出了减轻的三条措施。一是实行均田，改革土地制度，建立井田制。这样既可减轻农民实际赋税负担，又可防止有权有势有地之人转移税负，调动农民的生产积极性，所以他认为："'均无贫'是圣人富国法。"③ 二是政府节约开支，淘汰不必要的支出，进而消除政府向农

---

① （清）钟䥽编：《颜习斋先生言行录·三代第九》，《颜元集》，中华书局1987年版，第654页。
② （清）颜元：《存治编·井田》，《颜元集》，中华书局1987年版，第104页。
③ （清）颜元：《四书正误·论语》，《颜元集》，中华书局1987年版，第223页。

民增收赋税之冲动。三是赋税征收粮食实物，不再征收银两，革除征收银两带来的流弊。

在政治军事领域，颜元认为要从根本上解决民生疾苦问题，保障民众的生命财产安全，实现国家社会的长治久安，必须在政治上实行分封制政体。他指出："非封建不能尽天下人民之治，尽天下人材之用尔。"① 颜元强调在天下实行分封制，其出发点是基于"天下为公"，认为"天地间田宜天地间人共享之"②，而不应该由一个君主独享。他说：

> 后世人臣不敢建言封建，人主亦乐其自私天下也，又幸郡县易制也，而甘于孤立，使生民社稷交受其祸，乱亡而不悔，可谓愚矣。③

由此可见，颜元倡言分封政体，背后蕴含着强烈的限制君权思想。他希望进行分封建邦，约束皇权，不能让皇帝直接统治全天下的土地和人民。

颜元生逢明末清初乱局，亲身经历战祸兵灾，有感于满目疮痍、哀鸿遍野，所以特别重视军事，其思想中充满了对战争的忧患意识。他提出要改革军事制度，要"以六字强天下：人皆兵，官皆将"④，希望建立兵农合一、寓兵于农的军事制度，以此保卫百姓的生命和财产安全。

颜元高度重视人才在国家社会建设中的作用。针对当时的科举制度实行八股取士不利于人才培养，他提出要改革科举制，实行乡举里选的征举制，让优秀的人才能够脱颖而出。同时，颜元强调用人应该以事业为重，因事业择人，如果德才兼备之才不可求，那么只要有一技之长，就可以大胆使用。

## 四 "习而行之以为教"的实学教育论

教育思想是颜元实学思想的重要组成部分。颜元自二十四岁就在乡村收

---

① （清）颜元：《存治编·封建》，《颜元集》，中华书局1987年版，第111页。
② （清）颜元：《存治编·井田》，《颜元集》，中华书局1987年版，第103页。
③ （清）颜元：《存治编·封建》，《颜元集》，中华书局1987年版，第111页。
④ （清）李塨：《颜习斋先生年谱·五十五岁》，《颜元集》，中华书局1987年版，第763页。

徒教学，有着丰富的教学实践，对教人成才有着深入的思考。之所以说他的教育思想是实学教育思想，是因为在教育目的上，他重视培养社会需要的实用人才；在教育内容上，他不教授正心诚意，而教授六艺和兵、农、水、火、工、虞等社会需要的实事实务；在教育方法上，他改变单纯读、写、讲、思的方法，提出要"习而行之"，主张充分运用人之形体去练习和实践，进而掌握知识和技能。

颜元认为，人才是政事之本，政事是国家安定、百姓安康的关键，他说："人才者，政事之本也；政事者，民命之本也。"① 人才的培养需要一个过程，颜元认为，在这个过程中起关键作用的是教育。他说："吾则以为本原之地在学校。朝廷，政事之本也；学校，人才之本也。"② 颜元认为只有存在出色的学校教育，才能培养出德才兼备的人才；只有存在大量德才兼备的实用人才，政府选拔官员时才有合适的人才可选；只有政府中充满德才兼备的人才，国家社会的发展稳定、百姓的丰衣足食才有保障。

颜元提出，教育的直接目标就是培养具有综合公共管理能力的实用人才，以及技艺精湛的专业人才。颜元积极肯定专业人才的价值，他认为，社会的良性运行离不开专业人才，公共事务管理更需要各类专业人才贡献力量，他说："禹之治水，非禹一身尽治天下之水，必天下士长于水学者分治之而禹总其成。"③ 在这里，颜元举了大禹治水的例子，认为社会治理上的成功，大事难事的解决，离不开各类专业人才的参与。

他的教学内容不局限于书面的知识，而是以社会实事实务为主，以使教学内容与社会治理的实际内容保持一致。颜元认为，上古圣人的学问之道、教育之道以及治理之道是保持高度一致的，"圣人学、教、治，皆一致也"④。社会治理有哪些内容，学校就教授相应内容，这样学子所学就能直接应用到社会实际治理中，"学即所用，用即所学"⑤。

颜元的教学内容既不包括注重心性的义理之学，也不包括讲究文采的词

① （清）颜元：《未坠集序》，《颜元集》，中华书局1987年版，第398页。
② （清）颜元：《送王允德教谕清苑序》，《颜元集》，中华书局1987年版，第403—404页。
③ （清）颜元：《存学编·明亲》，《颜元集》，中华书局1987年版，第43页。
④ （清）颜元：《存学编·由道》，《颜元集》，中华书局1987年版，第39页。
⑤ （清）李塨：《存治编·序》，《颜元集》，中华书局1987年版，第101页。

章之学，更不包括应对科举考试的八股之学，而是以"礼、乐、射（射箭）、御（驾驶）、书（书写）、数（数学）及兵（军事）、农（农业）、钱（财政）、谷（粮食）、水（水利）、火（火力）、工（制造）、虞（能源开采）"等实务为主。

在教育方法上，他一反宋明以来学校教育以书本讲读、心头思考为主的"重心而轻行"的倾向，主张充分利用人之形体去实践，进而掌握知识技能。因此，对于以知识为主的课程，他采取读讲和习行相结合的教学方法；对于以技能为主的课程，则采取以形体练习为主的习动教学方法。两者的共同点都是鼓励从小处入手，从粗处入手，积小成大，从粗入精，以提高学习实效。颜元为漳南书院习讲堂书写了一副对联，内容为：

> 聊存孔绪励习行，脱去乡愿、禅宗、训诂、帖括之套。
> 恭体天心学经济，斡旋人才、政事、道统、气数之机。①

这里面的内容充分体现了他教学思想的实学特点，其中的"励习行"更是他在教育方法上的最重要原则。

## 五　结语

颜元处于明末清初的动荡年代，长期生活在社会基层，从逆境中崛起，卓然自成一家，发展出极具特色的实学思想，在中国哲学史上可谓独树一帜。"实"的观念贯穿颜元思想的始终。他的实学思想，以心性实学为基石，并以本性中的道德修养工夫为基础，以本性中的才能锻炼工夫为依托，展开儒者的"外王"事业，将"内圣"和"外王"打成一片。

在颜元看来，对于一个儒者来说，学问要真正对当代社会有实际益处才是"实"。在这种益处中最具有优先层次的是保障百姓的生命权、生存权和发展权。无法给百姓带来实际福祉，反而浪费儒者时间精力的学问，如训

---

① （清）李塨：《颜习斋先生年谱·六十二岁》，《颜元集》，中华书局 1987 年版，第 778 页。

诂、考据、理学、心学、八股等，在他看来都是"虚"。有鉴于此，颜元大力提倡面向社会基本实际知识技能的学习。他主张为学之目的是对国家社会百姓产生实际的益处，学习的依托是人之天赋善良实性，学习的对象是对社会有益的实事实物，学习的方式则是必须通过全身心的实际行动做反复练习，只有这样才能使得学问实有诸身，进而对外发用在国计民生上则表现为实事。由此可见，颜元实学思想是一个逻辑关系清晰、上下连贯的思想体系。

[孙庆峰，中共中央党校（国家行政学院）2018 级博士研究生，山东省委党校（山东行政学院）哲学教研部讲师]

# 许孚远思想的实学特征研究

曾莹莹

**摘　要**　许孚远作为明代大儒，其心性论、工夫论被学界广泛研究，成果颇丰，但学者论及的关于许孚远思想的实学特征值得进一步的研究与探讨。其本体论强调以"性体"为本，本来固有，以本体"实有"应对明末空疏的问题；其心性论主张心、性"非一非二"，二者浑然一体，俱本于善，以心性之实来纠正王门现成派空谈心性之弊；其工夫论以"克己"为要，强调"下学上达"实修工夫之重要性来反对、纠正王门现成派专主顿悟之流弊。许孚远思想突显的实学色彩为明末清初实学思潮的发展打下了坚实的理论基础，对开启整个明末清初的实学之风具有不可忽视的作用。

**关键词**　许孚远　本体论　心性论　工夫论　实学

许孚远（1535—1604），字孟中，号敬庵，浙江德清人，从小为诸生时就仰慕古圣先贤，二十四岁拜在唐枢门下学习，二十八岁中进士后好游历讲学，官至南京兵部右侍郎。张琴校点完成的《敬和堂集》是他流传于世的完本著作①，黄宗羲《明儒学案》收录了其部分论著及部分论学。冈田武彦、邹建

---

① 如无特殊说明，本文所引《敬和堂集》均为由北京大学出版社 2016 年出版的《儒藏·精华编》（第二六三册）中的《集部·上册》整理著录并由张琴校点完成的十三卷本《敬和堂集》。

锋、陈立胜等学者在其专著中针对许孚远的心性论、工夫论进行诸多研究，姚才刚也专门研究了其哲学思想，但对于其思想蕴含的实学特质并未进行深入的探究和揭示。本文试图研究许孚远思想在各个层面上的实学特征，以此界定其在明末清初实学思潮发展过程中所应体现的地位和价值。

# 一 本体论：实有之体，本体之实

许孚远在本体是心体还是性体的选择上更偏重于性体，寻求二者的统一性。以下主要从本体实有和天理流行两个方面去论述其本体论的实学特征。

## （一）天下大本，本来固有

许孚远强调本体本来具有、实际存在，以此应对明末出现的空疏问题，展现其本体论的实有特征。一方面，许孚远强调本体完满自足，一物难加。首先，他认为，"天然自有之谓性……性者万物之一原"[①]，"性"乃万物的来源。其次，他说，"天性在人，万理咸备"[②]，并强调"人心本来具此生理，名之曰仁。此理不属血气，不落形骸"[③]，以此说明万物一体之"仁"本来即是。在他看来，心乃后起，认为"宇宙内事，皆性分内事"[④]，"性"才是宇宙最为究竟者。最后，他也强调"真性在人，无不具足"[⑤]，"真心在人，本来具足，万古常然"[⑥]，"真心元自炯然，不从外得"[⑦]，这均表明"真性""真心"作为人之本体，本来固有。此外，他还力主良知天理本有，谓"此理本来固是完具"[⑧]。另一方面，许孚远反复说明本体实有，并非虚妄不真，突出其本体的实有性。在与周汝登"无善无恶"的辩论中，他强调，"人心如太

---

① （明）许孚远：《原学篇一》，《敬和堂集》卷十，北京大学出版社 2016 年版，第 391 页。
② （明）许孚远：《圣训敷言八则》，《敬和堂集》卷十，北京大学出版社 2016 年版，第 394 页。
③ （明）许孚远：《原学篇二》，《敬和堂集》卷十，北京大学出版社 2016 年版，第 392 页。
④ （明）许孚远：《圣训敷言八则》，《敬和堂集》卷十，北京大学出版社 2016 年版，第 396 页。
⑤ （明）许孚远：《简寸宁宇别驾》，《敬和堂集》卷三，北京大学出版社 2016 年版，第 68 页。
⑥ （明）许孚远：《唐一庵先生祠堂记》，《敬和堂集》卷二，北京大学出版社 2016 年版，第 42 页。
⑦ （明）许孚远：《唐一庵先生祠堂记》，《敬和堂集》卷二，北京大学出版社 2016 年版，第 42 页。
⑧ （明）许孚远：《简张阳和年兄》，《敬和堂集》卷五，北京大学出版社 2016 年版，第 160 页。

虚，元无一物可着，而实有所以为天下之大本者在"①，把人心比作太虚来说明人心无所着的状态，并进一步指出古圣先贤所谓的"中、极、善、诚、至仁、至义、至礼、至智、至信"均是性体之别名②，乃真实无妄的道德本体，强调本体实有而非"无"。

### （二）天理流行，体用全显

蒙培元认为朱子所谓"川流""鸢飞鱼跃"是用自然界的运动变化来说明"道体流行"的具体例子。③ 在体用关系上，许孚远更强调朱子"体用一源"的相通性。他说，"此理益然而流行，乃是反身而诚与鸢飞鱼跃同意"④，力主良知天理的流行发用与朱子"道体流行"的意义相同。这在一定程度上克服了阳明良知本体虚无的弊端，纠正其后学现成派所陷虚无之弊的同时又维护了其正统地位。此外，强调"性无内外、心无内外"⑤，亦表明了他主张体用不分的倾向。许孚远强调本体精纯不杂的本质，认为良知向上扩张，发用流行则心物为一，体用全彰。正如其所言，"其为物不贰，则其生物不测"⑥，"知复礼者，体用俱全，万理森着，故虚无寂灭之教，非所可同"⑦。在他看来，这与佛、老"虚无""空寂"的主张是完全不同的。

质言之，许孚远本体论的特点在于突出性体，同时沟通性体与心体，弥合心与性之间的分别，力主本体实有而非"无"，强调天理流行的重要性。

## 二 心性论：俱本于善，心性之实

忧于时弊的许孚远力主心性为实，以纠正王门现成派空谈心性之虚弊。

---

① （清）黄宗羲：《明儒学案·泰州学案五》，沈芝盈点校，中华书局 2008 年版，第 862 页。
② （清）黄宗羲：《明儒学案·泰州学案五》，沈芝盈点校，中华书局 2008 年版，第 862 页。
③ 参见蒙培元《理学范畴系统》，人民出版社 1989 年版，第 157 页。
④ （明）许孚远：《简寸宁宇别驾》，《敬和堂集》卷三，北京大学出版社 2016 年版，第 148 页。
⑤ （明）许孚远：《与胡庐山先生论心性书》，《敬和堂集》卷五，北京大学出版社 2016 年版，第 112 页。
⑥ （清）黄宗羲：《明儒学案·泰州学案五》，沈芝盈点校，中华书局 2008 年版，第 863 页。
⑦ （明）许孚远：《原学篇二》，《敬和堂集》卷十，北京大学出版社 2016 年版，第 392 页。

### （一）心之于性，非一非二

许孚远以"火之明、水之湿"[①] 为心性之喻来说明心性浑然一体的关系。冈田武彦认为这是对湛甘泉以性（天理）为中心的心性浑一说的继承。[②]

一方面，他主张心为灵觉，性乃天则，把心、性区分开来，避免将二者混合为一，不辨分别，造成对心、性认识的模糊、空疏，导致与工夫实践的脱离。即其所谓："大率性之为名，自天之降衷，不杂乎形气者而言。而心之为名，合灵与气而言之者。"[③] 另一方面，他又不主张将心、性二者完全分离开来，认为二者浑然一体，未尝有外。即"性只是一个天命之本体，故为帝则，为明命，为明德，为至善，为中，为仁，种种皆性之别名也。此未尝有外于心之灵觉"[④]。为了说明灵觉对天则具有的觉知能力和作用，进一步证明性体的实有性，许孚远与朱子一样，对"心"持有相当严正的态度，对"心"的内涵加以区分为："道心、真心、公心；人心、妄心、私心。"[⑤] 姚才刚指出其目的在于纠正王门现成派混淆"心"之内涵而使"心即性""心即理"变成鼓吹感性法则及本能欲望的借口的弊害。[⑥] 此外，他还强调心、性的作用同等重要。其一，主张不识不知即常明常觉，心性之体用本是一事，"即寂而照，即照而寂"[⑦]。其二，批判李材割裂心性乃"主张太过"，胡直混淆心性则"犹似未莹"，这进一步论证了其"体用一如"的主张。如张昭炜所言："许孚远将灵与气合说为心，似有调和李材之疏远与胡直之齐一的倾向。"[⑧]

---

① （明）许孚远：《与胡庐山先生论心性书》，《敬和堂集》卷五，北京大学出版社 2016 年版，第 111 页。

② 参见［日］冈田武彦《王阳明与明末儒学》，吴光等译，钱明校译，重庆出版社 2016 年版，第 254 页。

③ （明）许孚远：《与胡庐山先生论心性书》，《敬和堂集》卷五，北京大学出版社 2016 年版，第 111 页。

④ （明）许孚远：《与胡庐山先生论心性书》，《敬和堂集》卷五，北京大学出版社 2016 年版，第 111 页。

⑤ （明）许孚远：《与胡庐山先生论心性书》，《敬和堂集》卷五，北京大学出版社 2016 年版，第 111 页。

⑥ 参见姚才刚《许孚远哲学思想初探》，《中国哲学史》2008 年第 1 期。

⑦ （明）许孚远：《与胡庐山先生论心性书》，《敬和堂集》卷五，北京大学出版社 2016 年版，第 111 页。

⑧ 张昭炜：《试论阳明后学中的心性连黏》，《东岳论丛》2013 年第 6 期。

## （二）性之于气，通一无二

与朱子他们不同，许孚远主张"性一"。他指出，"先儒乃别言天地之性、气质之性，而以孔子此言为气质之性者，恐亦未然。性不离乎气质，而气质不可以为性，非另有一个气质之性异于天地之性者也"①，力主"性"只"天地之性"一个，反对以气质为性。他还强调，"性通极于命，而后性不蔽于欲，故曰'君子不谓性也'……命责成于性，而后命不违乎天，故曰'君子不谓命也'。究而言之，命无二，性亦无二"②，通过发明孟子的性善之旨来表明性命无二，认为性通极于命，纯善为一。从这可以看出其心性论，并不违背程朱有关"性"的思想，甚至可以说是发扬二者心性论的结果。③

许孚远认为"性"不离气质，二者具有统一性。比如他说，"人之性也，必附丽于其气质，如日月之径行于天，而流水之在地中也……当其蔽也，则觉性为迷，然而觉者未尝不存也。故学者贵于觉之而已矣"④，指明气质之性与天地之性元不相离，强调人之"觉"性能把二者相统一。这说明天地之性乃实有之性。

## （三）主善为师，归止至善

在阳明"良知"有善无善的问题上，许孚远基于"实有"的立场，主张"良知"有善而非"无"。这在与周汝登的"无善无恶"之辩中体现无遗。

第一，许孚远主张心意知物俱本于善。他直言："而今以心意知物，俱无善恶可言者，窃恐其非文成之正传也。"⑤ 其一，他在《九谛》中即开宗明义地指出以善为宗乃经传本旨，阳明所谓良知乃指至善性体。故蔡仁厚判定许孚远的"有善"是强调性体至善之实，不能以"无"名之。⑥ 其二，许孚远

---

① （明）许孚远：《答朱用韬》，《敬和堂集》卷五，北京大学出版社 2016 年版，第 131—132 页。
② （明）许孚远：《答朱用韬》，《敬和堂集》卷五，北京大学出版社 2016 年版，第 132 页。
③ 参见 [日] 冈田武彦《王阳明与明末儒学》，吴光等译，钱明校译，重庆出版社 2016 年版，第 254 页。
④ （明）许孚远：《敬和堂集》，《觉觉堂说》卷十，北京大学出版社 2016 年版，第 397 页。
⑤ （清）黄宗羲：《明儒学案·泰州学案五》，沈芝盈点校，中华书局 2008 年版，第 866 页。
⑥ 参见蔡仁厚《王门天泉"四无"宗旨之论辩》，《新儒家的精神方向》，台北：台湾学生书局1984 年版。

认为性之本体善是天然自有的、绝对的存在，与恶相对，二者不容混淆。他指出"宇宙之内，中正者为善，偏颇者为恶，如冰炭黑白，非可私意增损其间"①。其三，许孚远继承了朱子学严正工夫的一面，认为阳明第一句"无善无恶心之体"之论只是指性体未发、寂然不动的状态，后面的三句为平正切实的下手工夫。②

第二，许孚远也反对有意为善，但始终认为天下之善，种种固在。③ 首先，他认为好善恶恶是人固有的真实无妄的恒常之性，即"秉彝之良，不可残灭"④。其次，他指出标榜为善、执着于"善"，带有功利目的的均是"有意为善"。最后，他强调之所以为善是因为"善不足"，反对一味地主张"无善无恶"。

总之，许孚远通过"心性"关系、"性气"关系以及"性之善"这三个方面来说明心性之实有而非无，目的在于纠正王门现成派心性俱无善恶之虚弊。

## 三　工夫论：下学上达，工夫之实

许孚远反对并批判不讲践修专主顿悟者，主张实修实践的工夫以期反虚务实。

### （一）竭修为之功，下学上达

许孚远强调，"志道者必竭修为之力"⑤，"学不贵谈说而贵躬行，不尚知解而尚体验"⑥，观点鲜明直指当下学者之学贵在务实修。第一，他以"克己"为要，强调工夫的重要性。首先，他认为孔子的"克己复礼"是实现

---

① （清）黄宗羲：《明儒学案·泰州学案五》，沈芝盈点校，中华书局 2008 年版，第 862 页。
② 参见（清）黄宗羲《明儒学案·泰州学案五》，沈芝盈点校，中华书局 2008 年版，第 866 页。
③ 参见（清）黄宗羲《明儒学案·泰州学案五》，沈芝盈点校，中华书局 2008 年版，第 865—866 页。
④ （清）黄宗羲：《明儒学案·泰州学案五》，沈芝盈点校，中华书局 2008 年版，第 864 页。
⑤ （清）黄宗羲：《明儒学案·泰州学案五》，沈芝盈点校，中华书局 2008 年版，第 865 页。
⑥ （明）许孚远：《原学篇三》，《敬和堂集》卷十，北京大学出版社 2016 年版，第 392—393 页。

"仁"最为深切著明的修养方法。在他看来，所谓的"克己"是指，"剥尽形骸之累，独全乎性命之真也"①，"克己"即所谓"复性"为仁之功。其次，他的"克己"工夫重视存心复性、存理去欲、为善去恶等真切工夫。第二，他订正格物，"若得常在根上看到方寸地，洒洒不挂一尘，乃是格物真际"②，使其"克己"说融于格物论当中。这区别于朱子和阳明的"格物论"。第三，他强调"精一执中"是内圣外王之方，认为："'天生烝民，有物有则'过之不可，不及不可。尧舜之所谓执中，孔子之所谓止至善，由此其选也。呜呼！岂非万世学者之准的也哉？"③

### （二）绝玄言妙谈，神明默成

许孚远对于龙溪"四无四有"之说持反对意见。在他看来，《天泉会语》乃"画蛇添足，非以尊文成，反以病文成"④，何为"上根之人""中根以下之人"并没有一个合理的标准，以玄言妙语妄下断语，会纵容学者蹈空骛虚。他在与学者论学的书信中常强调"谈玄说微"无益于闻道。如："今初学之士谈玄说微，终日犹任气质用事私意纷扰，靡有宁时而欲窥未发之中，何啻千万里之远也！"⑤许孚远指出为学在于"神明默成"，强调"默识"对"天则"觉照存养的重要性，即"此个天则，超绝声臭，不涉思虑安排，然只在日用动静之间默识"⑥。他一方面强调默识只在至善性体处觉照存养，指出"吾侪学者，但密向不睹不闻处实用戒慎恐惧功夫，则未发之中可以默识"⑦，另一方面又指明"志虑纯一""息虑凝神"是默识工夫的要求。许孚远主张不存知见、"凝精聚神"则道体现前，即"道之在人，非优游散漫者所可入，必是凝精聚神，念念不忘，若有参前倚衡之见。及其与道契会处，原来声臭俱无。若存知见，便非道体"⑧。而"收敛精神""存养扩充""放下情想"

---

① （明）许孚远：《答吴川楼太守》，《敬和堂集》卷三，北京大学出版社2016年版，第64页。
② （明）许孚远：《简蔡见麓少宰》，《敬和堂集》卷四，北京大学出版社2016年版，第94页。
③ （明）许孚远：《胡子衡齐序》，《敬和堂集》卷一，北京大学出版社2016年版，第12页。
④ （清）黄宗羲：《明儒学案·泰州学案五》，沈芝盈点校，中华书局2008年版，第867页。
⑤ （明）许孚远：《答陆以建》，《敬和堂集》卷五，北京大学出版社2016年版，第126页。
⑥ （明）许孚远：《答沈实卿》，《敬和堂集》卷五，北京大学出版社2016年版，第137页。
⑦ （明）许孚远：《答陆以建》，《敬和堂集》卷五，北京大学出版社2016年版，第126页。
⑧ （明）许孚远：《答陆以建》，《敬和堂集》卷五，北京大学出版社2016年版，第130页。

则是其凝精聚神方法的具体体现。此外，许孚远还强调"一念纯诚"外加"力行不懈"，道体自会呈现。如其所言："今日之学，无有言论可以摽揭，惟是一念纯诚，力行不懈，则此道自明。"①

### （三）反其性之初，归根为止

许孚远力主性体至善，通过"格物诚正"此等"彻上彻下"的工夫"祛蔽为明""归根为止"即可以复归性初。第一，他肯定人的主体性和能动性对复性的作用，认为"学然后可以尽性，尽己性以尽人物之性，则可以赞天地之化育，而与天地参而为三才，故学之系于人者大也"②。第二，他笃信阳明"良知"说，但又担心"其末流侈虚谈而鲜实行，世之君子犹惑焉"③。一方面，与阳明保持一致，主张本体与工夫的合一，即"致得良知彻透时，即知是止。讨得至善分明处，即止是知。初非有本体工夫，亦非有偏全先后之别"④。另一方面，则与朱子一样，强调实功、实修之切要，在工夫复归本体时更倾向于强调先工夫后本体。如其所言，"学者吃紧处，只要讨寻得良知头脑分明，明则为善，蔽则为恶，一迷悟之间而已。念念觉悟，不染尘根，不滞有我，则良知出头，是谓至善"⑤，言明致得良知复归性体要于一念真实处实下功夫。第三，他批评罗近溪"以知解伶俐、谈说高玄为透性"不是"真透性"，并言明"《易》言'美在其中，而畅于四肢，发于事业'，《孟子》言'根心生色，睟面盎背，四体不言而喻'者，此真透性之学"⑥。许孚远还强调体验"独知"之妙乃工夫下手处。

诚然，"崇实黜虚"是许孚远思想的重要体现。本着经世救民目标，许孚远主张实体、实修之学，以孔子为学宗，以复性为学之归宿，立志达到"内圣外王"皆通达的境界。他的思想具有折衷圣学的趋向，既符合圣学宗脉，又契合所处时代和民族的需要，其思想所蕴含的实学特质对于"天崩地解"

---

① （明）许孚远：《简王敬所先生》，《敬和堂集》卷五，北京大学出版社 2016 年版，第 143 页。
② （明）许孚远：《原学篇一》，《敬和堂集》卷十，北京大学出版社 2016 年版，第 391 页。
③ （明）许孚远：《胡子衡齐序》，《敬和堂集》卷一，北京大学出版社 2016 年版，第 12 页。
④ （明）许孚远：《答胡休仲卓稚成》，《敬和堂集》卷三，北京大学出版社 2016 年版，第 77 页。
⑤ （明）许孚远：《简张阳和年兄》，《敬和堂集》卷五，北京大学出版社 2016 年版，第 160 页。
⑥ （明）许孚远：《简罗近溪先生》，《敬和堂集》卷五，北京大学出版社 2016 年版，第 147—148 页。

的大动荡、大分化的明清时代来说无疑是一剂良药。一则对晚明朱子学的复兴起到了一定的推动作用；一则是明清实学思想的重要组成部分。他极力纠正阳明后学空谈心性、空疏误国之弊的严正态度及其以天下为己任的"救世救民"精神，为其学生冯从吾、刘宗周以及后世所继承和发展。可见，许孚远思想突显的实学色彩为明末清初实学思潮的发展打下了坚实的理论基础，对开启明末清初的实学之风有着不可忽视的作用。

（曾莹莹，云南师范大学中国哲学专业 2018 级硕士研究生，广西国际商务职业技术学院马克思主义学院教师）

# 张謇的改革策

干春松

张謇（1853—1926）在中国近代政治史上的重要性，近年来逐渐获得更多元的研究，特别是他所积极参与的晚清宪政变革，以及在中华民国建立前后为建立多民族统一国家所作的努力，构成了张謇政治家形象的重要组成部分。

不过，张謇在 1890 年到 1905 年展现出来的政治家面貌，依然有值得发掘的空间。在这个阶段，中国面对了两次巨大的冲击，首先是甲午战争及其作为后果的《马关条约》，意味着中国所处的地缘政治中心地位的失去，接连的变革呼声，也伴随着光绪和慈禧两大政治集团的矛盾激化，导致了康有为等人推动的戊戌变法的失败。另一大冲击则是由义和团运动激发的八国联军进京以及《辛丑条约》的签订。慈禧太后等人的"西狩"，使清政府的合法性资源严重流失。因此，改革的措施被再度提上日程，这次由张之洞等人操盘的政治经济变革，也被称为"清末新政"。

张謇在戊戌变法和清末新政中扮演的角色非常复杂。毫无疑问，在对待变法的态度上，张謇的基本立场与翁同龢一致。不过，在甲午战争后全国觉醒的背景下，维新派和翁同龢代表的帝党建立起短暂的联合。但因为翁同龢很快就"识破"了康有为的行动逻辑，随即拉开了与康有为的距离。其后翁同龢与张之洞的关系也渐行渐远，但张謇与张之洞之间的关系却依然稳固。由此可见，张謇有其自主的行为逻辑，而这也促成了他在戊戌变法之后新的变法活动中，可以发挥更为重要的作用。

在清末新政的过程中，张謇与清末新政的设计者张之洞等人过从甚密，这让他比较深入地介入了这次改革，他在新政前所撰写的晚清最为完整和系统的改革"策论"，即《变法平议》，也对张之洞的新政设计有很大影响。因此，本文将以此为基础系统地分析张謇的"改革策"的内容及其意义。

# 一 张謇与戊戌变法

戊戌变法的根本原因在于日本崛起而导致的东亚地缘政治格局的转变，其关键点则在于朝鲜。张謇去吴长庆军中做幕僚，使他对于朝鲜问题的重要性有远胜于同时代人的切身感受，而这在很大程度上决定了他在戊戌变法中的态度。就在他担任吴的幕僚后不久，袁世凯也前来投靠。光绪八年（1882）六月，朝鲜发生"壬午兵变"，朝廷派丁汝昌、吴长庆前去处理朝鲜的危局。兵变很快被平定，但是张謇已经意识到，朝鲜将成为中、日、俄在东亚争夺的焦点。基于他在这方面的经验和认识，他在光绪二十年（1894）六月作《代某公条陈朝鲜事宜疏》，详细阐发了他对于朝鲜事务的看法。

张謇认为，中国以朝鲜为外户，朝鲜亦倚中国为长城，但朝鲜已经成为日、俄的企图心之寄托。"日本力不逮俄，而较俄为近。既攘中国之流虬（今译为琉球）为己有；得陇望蜀，益思图我朝鲜。其君臣上下，处心积虑，亦非一年。"（《代某公条陈朝鲜事宜疏》）张謇认为琉球的丧失已经引发越南等地的连锁反应，而如若朝鲜再由日本控制，则中国内地的危险就日益明显了，所以要有一个整体的方案来处理朝鲜问题。张謇提出，首先要强化与朝鲜的旧约，向朝鲜派兵驻扎，训练海军。在南洋的海口，也严兵屯守，不让日本有声东击西的可能。如果能做到这一点，即使朝鲜短时间内被日本占领，也能"规复"，因此，坚决不能议和，"今日本野心日张，无理日甚，彼方以中国为其演试军事之地。若遇事轻许，自取损失"（《代某公条陈朝鲜事宜疏》）。

很显然，张謇看到了日本在东亚的战略企图，因此，提出加强东三省和朝鲜的关联的建议，即使在宣统三年（1911），他在与人讨论朝鲜局势的时候，依然为当时清政府没有采纳他的建议而愤然不平。

张謇看到朝鲜的战略意义，所以当日本构衅朝鲜的时候，他是主战的，甚至在光绪二十年（1894）的九月上书弹劾主和派的代表李鸿章。他认为，光绪八年与英美各国签订的条约中，对于朝鲜为中国属国这一地位的认定，在日文版本中并无相关表述，这是作为签约者李鸿章的重大失误，并认为随后北洋军队和李鸿章所一心谋求的议和目的，导致贻误战机。张謇认为："自来中外论兵，战和相济。西洋各国，惟无一日不存必战之心，故无一人敢败已和之局。"（《呈翰林院代奏劾大学士李鸿章疏》）

对于中日关系的认识及其对于未来中国的重要性，在光绪二十一年（1895）替张之洞撰写的《代鄂督条陈立国自强疏》中，表述得最为清楚。在张謇看来，《马关条约》带来的短暂和平之局，对于中国而言是靠不住的，因为这是日本国家战略的一部分。他认为日本对于朝鲜是"有意之挑衅，无理之决裂"（《代鄂督条陈立国自强疏》），目的就是尽占朝鲜，并进一步犯我辽东内地，最后攻入北京。"久闻日人扬言，此次和约，意欲使中国五十年后不能自振，断不能再图报复。"（《代鄂督条陈立国自强疏》）且日本已参与帝国主义对中国的瓜分计划，因此，必须进行制度性的变革，这个计划包括，军事操练和部队建制；建立船厂和铁路；开学堂；讲商务；求工政；多派游历人员；设立更多的行宫，以备战时之需。

其中比较值得关注的是"广开学堂""速讲商务"和"讲求工政"部分。首先，在"广开学堂"的改革设计中，张謇指出，不能只看到西方的强大而忽略了其强大的原因，且判定日本的强大就在于学习西方，且把学成归国的人员都按其所学，安排在适合的岗位上。中国也应根据国家发展的需要，派出学习各国语言文字和农业、制造、商务、军事等的人才。他尤其说到，国家花费巨额经费派出的留学生回国后，不受重视、学非所用，是人才的巨大浪费。

其次，张謇的商务实践经验是他受到张之洞器重的重要原因。客观上，综观晚清改革的种种策论，张謇在商务上的建议是最具可操作性的。在这个文本中，他提出要增加本国产品的出口，并建立进出口的渠道："中国上下之势太隔，士大夫于商务尤不素究，但有征商之政，而少护商之法。"他提出要在各省设立商务局，"令就各项商务悉举董事，随时会议，专取便商利民之举，酌其轻重，而官为疏通之"（《代鄂督条陈立国自强疏》）。同时，国家的招商局应加以改革，设立董事会以加强专业性。

很显然，在晚清的政治体制下建立一个相对独立的商务机构，在张謇看来是十分重要的，其目的是促进商务，保护商人的利益。

最后是关于"讲求工政"，这相当于"制造立国"。张謇说西方国家的商务立国背后是产品的先进。中国人口众多，仅仅依靠农业很难真正实现国家富强，必须依靠制造业的发展。"查西洋入中国之货，皆由机器捷速，工作轻巧，较原来物料本质，价贵至三四倍、十余倍不等。……即如日本，尤重工政。该国于通商都会编设劝工场，聚民间所出器用百货，第其最精，此亦仿西洋之例。国家予牌以赏，俾使专其利。是以百工竞劝，制造日精，销流日广。"（《代鄂督条陈立国自强疏》）由此可见，张謇较早地认识到发展工业和制造业的重要性。

这个认识具有根本性的意义，当时大多数人认识到西方强大是由于制度的作用，殊不料，制度的形成和发展要建立在技术进步及由此带来的生产关系长期转变的基础上。西方的工商立国政策也是由于以蒸汽机为代表的近代工业的发展，带来了生产力水平的提升，资本主义生产方式才得以确立。张謇虽然并没有从这样的逻辑去思考问题，却最早认识到科技发展和制造业的提升在近代改革中的重大意义。

说起因日本崛起而引发的中国改革，我们当然不能不提到康有为。因此，讨论康有为与张謇的关系，对于分析张謇的改革策十分关键。

张謇与康有为最有可能因为 1889 年同在北京参加科举考试而结缘，就作者目力所及，并没有发现他们开始交往的具体材料，但从康有为所赠张謇的诗中，可见科第失败后的安慰和鼓励。

第一首题为《赠张季直孝廉謇，兼呈沈乙盦刑部》："天池日蛙黾，仁者意云何？龙凤难潜逸，耕渔且隐歌。侧身思俊及，落日睨山河。且上金台望，排云问大罗。"

第二首题为《送张季直下第还山》："天时日榛塞，无事恋微波。浮海材应取，藏山事孰多？收身合屠钓，回首怅山河。与尔将偕隐，烟波行醉歌。"

对此事，张孝若先生作的《南通张季直先生传记》中也有描述，说两人"其时相识，很有往来，康并且还做了好几首诗送给我父，表示他的钦迟"。但《南通张季直先生传记》中又说康这时排场很大，所以张謇没有应答，对比张謇日记中的描述，应是张孝若先生把张謇的两段不同时间的记述混淆了。

不过，张謇和康有为关系中最为复杂，也最为关键的人物是翁同龢。翁同龢与张謇既是同乡，又对其深为赏识。加上翁同龢与康有为在戊戌变法时期的复杂关系，必然会影响到张謇与康有为等人的交往。

康有为有宏大的政治抱负，但在北京又缺乏真正的依靠，所以，一直在寻求把他的变法设想上达的渠道。光绪十四年（1888）秋，康有为来京参加顺天府乡试时，欲以布衣身份上书皇帝，想请翁同龢代递，但因种种原因未能遂愿。时隔六年，康氏来京参加会试，再次希望借助翁同龢传递他的变革主张，并送呈自己的作品。对此，翁同龢的日记有所记载，是年（1894）五月初二记："看康长素（祖诒，广东举人，名士）《新学伪经考》，以为刘歆古文无一不伪，窜乱六经，而郑康成以下皆为所惑云云，真说经家之一野狐也，惊诧不已。"同月初五日又记："答康长素，未见。"（《翁同龢日记》）

康有为因其借助公羊学的作品《新学伪经考》等引发巨大的争议，翁同龢自然也不能接受这种将古代儒家经典判为"伪经"的过于大胆的结论。

甲午战争前后，翁同龢和李鸿章的冲突日益公开化，而日益紧迫的形势和光绪皇帝急于改革以图强的期待，导致康有为逐渐受到重视，张之洞也一度支持康有为主持的强学会，并提供了最初的经费。张謇的日记里记录了梁鼎芬来信让他列名强学会的事件。不过这与其看作张謇与康有为的关系，还不如看作张謇对张之洞的追随。虽然因为"孔子纪年"等过于激进的举动导致张之洞逐渐与康有为疏远甚至对立，但这没有影响康有为不断扩大的影响力，在几次接近翁同龢未果之后，康有为获得了张荫桓和高燮等人的推荐并得到光绪皇帝的赏识。

在这个过程中，翁同龢是知情者，在办理公务的层面，也是谨慎的支持者。但马忠文在《张荫桓、翁同龢与戊戌年康有为进用之关系》一文中仔细地梳理了相关文献后，认为翁同龢并没有如康、梁等人自称的那样有过向光绪直接推荐的举动。"以至戊戌年初就有张、翁引康变法的传言。但是，翁、康之间从未有过私人交谊，戊戌年春更是如此。因此，就事实的层面来说，翁同龢没有荐过康，真正向皇帝密荐康氏的是张荫桓。"[1] 这也意味着张謇也不会与康有为有特别密切的联系。

---

[1] 马忠文：《张荫桓、翁同龢与戊戌年康有为进用之关系》，《近代史研究》2012年第1期。

1895 年至 1896 年，在家为父守丧的张謇，受两江总督张之洞委派，回到南通创办通州实业公司，开办大生纱厂，并任江宁文正书院院长，这也使得张謇在这个阶段离开了变法运动的中心。1898 年，张謇回北京销假，这个时候，康有为、梁启超已经成为光绪黄帝最为信赖的改革派，他们之间也再度发生联系。"在京闻康有为与梁启超诸人图变政，曾一再劝勿轻举，亦不知其用何变法也。至是张甚，事固必不成，祸之所届，亦不可测。康本科进士也，先是未举，以监生至京，必遍谒当道，见辄久谈，或频诣见，余尝规讽之，不听。此次通籍，寓上斜街，名所居为万木草堂。往唔，见其仆从伺应，若老大京官排场，且宾客杂遝，心讶其不必然，又微讽之，不能必其听也。"（《啬翁自订年谱》）

从张謇年谱中的这段记载可见，张謇是规劝过康有为的，但没有被康有为接受。张謇还看不上康有为比较铺张的生活方式，这意味着他们之间可能也是泛泛之交。

张謇与康有为之间在改革方略上的根本差异，还是要归结到翁同龢的态度上。上文所述翁同龢只是为了维护与张荫桓的关系而不阻挠张等人对康有为的举荐，但翁不仅不同意康有为借助今文经学对意识形态的突破，更是不接受康有为过于激进的改革方案。

翁同龢日记中所载，他对皇帝索取黄遵宪《日本国志》的消极态度，对张荫桓主持的仿效西法改革外交仪节的抵触和反对，以及"西法不可不讲，圣贤义理之学尤不可忘"的言论，都体现了他对于改革所持的"限度"。据康有为所自述：

正月初二日，总理衙门总办来书，告初三日三下钟王大臣约见。至时李中堂鸿章、翁中堂同龢、荣中堂禄、刑部尚书廖寿恒、户部左侍郎张荫桓，相见于西花厅，待以宾礼，问变法之宜。

荣禄曰：祖宗之法不能变。我答之曰：祖宗之法，以治祖宗之地也，今祖宗之地不能守，何有于祖宗之法乎？即如此地为外交之署，亦非祖宗之法所有也。因时制宜，诚非得已。

廖问：宜如何变法？答曰：宜变法律，官制为先。

李曰：然则六部尽撤、则例尽弃乎？答曰：今为列国并立之时，非复一统之世。今之法律官制，皆一统之法，弱亡中国，皆此物也，诚宜尽撤。即一时不能尽去，亦当斟酌改定，新政乃可推行。

　　翁问筹款，则答以：日本之银行纸币，法国印花，印度田税，以中国之大，若制度既变，可比今十倍。于是陈法律、度支、学校、农商、工矿政、铁路、邮信、会社、海军、陆军之法。并言日本维新，仿效西法，法制甚备，与我相近，最易仿摹。近来编辑，有《日本变政考》及《俄大彼得变政记》，可以采鉴焉。至昏乃散，荣禄先行。是日恭、庆两邸不到。阅日召见枢臣，翁以吾言入奏。上命召见，恭邸谓请令其条陈所见，若可采取，乃令召见。①

这次会面，康有为获得了皇帝的召见，从而开启了其政治上的短暂辉煌，但却让荣禄和翁同龢等人感到其"狂悖"。失去了主要朝臣的支持，也注定了康有为的改革之路行之不远。1904年，张謇回看翁同龢的戊戌日记，从中可见翁同龢对康的态度的急剧转变。"戊戌四月初七，上命臣索康有为所进书，令再写一分递进，臣对与康不往来，上问何也，对以此人居心叵测。曰：前此何以不说？对：臣近见其《孔子改制考》知之。初八日，上又问康书，臣对如昨。上发怒诘责。"（《柳西草堂日记》）虽然，作为帝师，翁同龢与光绪的关系，并非一般的君臣关系可比，但面对光绪的诘责，翁同龢也不愿意配合其要求，可见翁对康之疏离态度之坚决。

　　戊戌变法在莽撞的康有为的主持之下，很快受到各方力量的掣肘。1898年9月22日至10月10日慈禧发动"戊戌政变"，各种消息纷至沓来。先是闻慈禧临朝后，开始缉拿康、梁。在康、梁远遁之后，谭嗣同等六人被捕遭戮、一大批维新派官员被贬。而一直与康有为保持距离的翁同龢却被认为是举荐人而受牵连，对此，连翁同龢也大呼冤枉。对于戊戌六君子，张謇有其评论："与叔兄讯。有徐、杨六人已罹刑戮之谣，访之果确，惟徐永远监禁。谭好奇论，居恒常愿剪发易服，效日本之师泰西，不知波兰、印度未尝不剪发，而无补于亡也。又常创杂种保种之说，谬妄已甚。林旭喜新竖子。杨故乙酉同年，平时修饬，见赏于南皮督部，不知何以并罹斯

---

　　①　姜义华等编校：《康有为全集》（第五集），中国人民大学出版社2007年版，第90页。

劫。"（《柳西草堂日记》）

在后党的反复打击下，为避党祸，张謇也竭力洗刷嫌疑。他在《年谱》中写道："得彦升、眉孙讯，闻政府罗织党人，甘陵之祸将及，属远避。余与康、梁是群非党，康、梁计划举动，无一毫相干者，内省不疚，何忧何惧，谢之。"（《啬翁自订年谱》）"群而非党"，是一个比较有趣的描述，的确，张謇和翁同龢一起支持改革，但反对康有为式的改革，故而可称"群而非党"。

## 二　变法平议：张謇的改革策

从上文可见，张謇与康、梁的关系，可谓同中有异：所同者，求新也；所异者，在求新之法。张謇不满意康、梁的改革方案，最主要的是意识形态上的不同，从张謇的阅读史和他的为文风格而言，他并没有明显的"经学"立场，更不能接受康有为的今文经学立场，因此，也就不满意康有为将"保教"置于保国和保种之前优先地位的做法。他更认可张之洞在《劝学篇》中所表达的思路，"中学为体，西学为用"，也就是在坚持儒家纲常伦理的基础上进行变革。而康有为的"今文三世说"中，则明显包含着对儒家价值自我否定的倾向。

张謇对康有为戊戌变法的另外一重反对，来自策略上的差异。康有为主张在搁置现有行政体系的前提下，进行重新构建，而张謇则主张改造现有的行政体系来符合改革的需要。从这个方面来说，张謇与康有为的差别是政治现实主义和政治理想主义的差别。而在晚清，政治现实主义可能更为适合时代的需要。

最后，张謇的改革方案始终在配合张之洞和翁同龢的立场，而康有为则以开新时代的教主自居，这也导致了他们在策略设计过程中的明显差异。

《辛丑条约》之后，清政府的合法性受到空前的挑战。因此，改革又一次被提上日程，这次"新政"的主导者是张之洞，一个成熟而稳健的政治家，而张謇在戊戌变法前就已经给张之洞起草过"自强策"。1895 年，张謇向张之洞提出了"兴商务改厘捐开银行用人才变习气"的系列主张，主要着眼于经济领域的变革。而最后关于变习气的议论很有见地。在张謇看来，仅提出几条改革的方案，而人们的习惯和思维方式没有变化的话，一切都无从谈起。他说："若上而立法之人，则欲人之变也，必先自变其习气，自变其心肝，自变其耳目。见人有定时，办事无例套，此变习气之事也。于士大夫有礼相敬之诚，无利相致之意；有事相督之义，无势相轧之心，此变心肝之事也。议定即行，游移不设，此变耳目之事也。三者，变耳目易，变心肝难，变习气尤难。"（《答南皮尚书条陈兴商务改厘捐开银行用人才变习气要旨》）

在张謇看来，习气比较容易改变，但思维方式的变化很困难，而制度的制定与执行则更难，由此，改革就不能停留在一些条文的斟酌上，必须从改变人的观念入手，这一点也深得张之洞的赞同。

从张謇的日记看，张之洞也视张謇为实业顾问。从张謇与朋友谈起张之洞的性格的例子，我们可以了解他们之间的熟悉程度。《柳西草堂日记》记录1897年6月，张謇"答彦升问南皮旨趣：'承问，謇与南皮交不深，闻人之言曰，南皮有五气：少爷气、美人气、秀才气、大贾气、婢姬气。又云南皮是反君子，为其费而不惠，怨而不劳，贪而不欲，骄而不泰，猛而不威。然今天下大官贵人能知言可与言者，无如南皮。若好谀不近情，则大官贵人之通病，不足怪。足下久与处，当自知者也'"。可见张謇对于张之洞的了解程度。

在个人交往上，张謇甚至与张之洞的儿子张权也过从甚密。在1900年2月13日的日记中记载："晤张君立（权）。君立，南皮子也。言徐相疵南皮《劝学篇》尽康说。南皮此书本旨专持新旧之平，论者诮为骑墙，犹为近似，何沃生（启）有《劝学篇书后》专讦此意，若责为全是康说，真并此书只字未见者矣。"张謇与张之洞的儿子讨论《劝学篇》，一方面为张之洞的作品与康有为思想的关系作切割，另一方面通过批评何启以及其他批评者的方式，来维护张之洞的改革思路。

1901年，张謇写作《变法平议》，其间多次与他的好朋友何嗣焜商议，并按何著《乡校丛议》的体例作为基本机构，即按照当时的行政体系的"六部"的改革逐步展开，就此而言，显然是吸取了康有为撇开六部而新设"制度局"的教训，而试图将改革的"破坏性"降低到最低程度。在这个阶段，张之洞请张謇去湖北商议，一直到5月底才成行，例如在1901年5月的日记中，就记录了如何乘船去武汉，在5月28日，"同子培、小山谒南皮，时八点钟，至下午五下钟而退，所谈甚多，惟小学校必可立"（《柳西草堂日记》）。

按日记的记录，1902 年 10 月，又有近一周的时间与张之洞讨论学校、工厂、垦荒、轮船等集中于实业领域之事。1903 年 2 月，张謇与张之洞再次会面，讨论学校与工厂的问题，结合日记中关于王国维和日本教习到达南通的记录，这里的学校可能是关于通州师范学校和张謇自己所创办的工厂。在张之洞主持清末新政的关键时刻，张之洞与张謇如此高密度地晤面，讨论变法事宜，我们可以想象张之洞对于张謇所提出的改革方案和他在实业领域所作的探索的经验的重视。

那么张謇的《变法平议》提出了哪些变革的措施，与之前的戊戌变法和之后的张之洞的变法措施之间存在什么关系呢？

如何既推进改革又避免社会动荡，是张謇的关注点，他提出历史上的许多大的变革都导致了动乱，比如日本的明治维新和法国的大革命，中国也不例外，"戊戌、庚子，变乱迭兴；新党、旧党之争，衍为南北。支离变幻，不可究诘。断以一言：则均之有诟骂而无商量，有意气而无条理。今识微之士，或以为当修往圣之旧，采列强之新固已，然不斟酌中国今日之弊政之标本，与夫民之风俗，士大夫之性情，以权因革损益之宜"（《变法平议》），所以难以取得预期的效果。

张謇的《变法平议》以"六部"为线索展开，第一是关于改革"吏部"的十个方面，首先是"设置议院"。这个建议是后来张謇推动晚清立宪运动的基础，但在这里较康有为对议院的强调有所"退缩"，只是主张选择四五个大臣，选择合适的人选来制定规则，缓步推进，"不必专事督促，复蹈操切之辙"。

张謇认为并不需要担心新政人才的缺乏，并且通过学堂培养新人需要时日，所以，要设立"课吏馆"来对现有的官员进行培训，让他们适应新政的需要。而在行政系统内，则要增强专业性，改变职责不清的现状，他建议"督抚掌外交、海军、陆军，纠察所属；布政司专掌赋税；按察司专掌刑法；巡道改为警察道，专掌警察；粮道改为农商道，专掌农商"（《变法平议·凡吏部之事十》）。新设立文科和工科，来主持工业和文化。在行政体制上，府、州、县各自独立，并设立议院，议员人数不超过五人，强调地方自治。

张謇的官制改革特别强调专业化，反对通过捐纳的方式获得功名，通过合并功能来减少官员的数量，并提高官员的待遇以防止腐败。

针对一些人认为中国民智未开，选上的议院可能缺乏议政能力的说法，张謇反驳说："议会开民智。选举之人、被选举之人，必绅士也。绅士虽不尽晓新法，而有文告以谕之，权限以示之，必与蚩蚩者有间。自兹以往，释民教之争，筹学堂、警察、农工商业公司之费，与事而通上下之情，使人憬然动君民休戚相关之感，其不以此乎？"（《变法平议·凡吏部之事十》）张謇显然受到了日本政治体制改革的激励，对于议会制在中国的实现以及可能带来的效果有过高的估计，但是，议会制作为政治制度改革的方向，是当时的共识。

第二是关于"户部"改革的十二个方面。这是张謇最为擅长的领域，相比于康有为在戊戌变法时期提出的改革方向，张謇的设想既具体又关键。比如他提出要重新测量土地和统计人口，这是了解国情国力的基础。确立国家标准和进行货币改革，建立银行储蓄制度和贷款制度，促进货币流通。国家要有预算，这样可以量入而出，并确定一些重点发展的领域，尤其是要集资建立公司来兴农，提高农民收入。要有确定的税率，减免厘金和其他的杂费。

第三是"礼部"改革的八个方面。这方面最为重点的是变科举、兴学校。对于改革科举，张謇提出了针对不同年龄的不同办法。二十五岁以下的人，向学校过渡，学习新知；而二十五岁到四十岁的人，则转到师范学校学习，学成之后可以为即将开设的学堂提供教师。对于四五十岁以上的人，要逐渐以策论代替原先的制艺。这个方案也为后来张之洞、袁世凯等人废除科举奏议所采纳。

变科举是手段，最终是要由学校制度来取代科举制度。对此，张謇的方案也是循序渐进式的。先培养教师，再从府、县立中心小学堂，逐渐向乡镇扩展。接着办中学以及各省的高等学堂，最后建立京师大学堂。学生毕业之后要授予相应的文凭。在教学内容方面，官方来编订教科书，设立翻译局，介绍西方和日本的科学、社会知识。尤其鼓励亲贵游历，针对八旗子弟游手好闲的情况，张謇认为朝廷的权贵阶层如果能涉猎文学历史、了解时事政治，对于国家的安定大有帮助。

第四是"兵部"改革的四项内容。其中包括：建立警察部队，替代原先的衙役来维持社会治安、提供公共服务；停止科举中的武科，训练新式军队，建立武器制造工厂。

第五是"刑部"改革的四项内容。法制改革是晚清社会变革的重点，其动力的最大源头是西方列强借助条约而获得的"治外法权"，即他们会以中国法制未备为理由来逃避法律的制裁。对此，张謇的方案依然是稳健的，他指出，刑律改革要慎之又慎，但必须增加新的内容来应对新局面，特别是外国人不受中国法律约束的现象。他说："法之不备，而欲以司寇所据绳各国之人，不可得也。事连彼族，而欲使我国之人讼伸其理，亦不可得也，非必彼很傲而恃强，狡黠而善辨。民之嗜好、饮食、体质、教育、职业、知识、风俗，无一而同。"（《变法平议·凡刑部之事四》）如果没有法律来裁断，则"譬之徒手而与操利刃者博，未有不败者也"（《变法平议·凡刑部之事四》）。

张謇提出要优先完善与商务有关的法律体系，改变以前中国商律过于笼统的现状，因此，要吸收西方各国的商法条例。但对于民事和刑事法律则要通过专家仔细审核，与中国的国情相合。在审判方面，一方面要违者必究，另一方面则要减轻惩罚，保护罪犯的尊严。设立律师制度，改善监狱环境。

第六是与"工部"有关的四个方面。没有附加值的初级产品出口，是发展中国家通常的贸易现象。张謇认为日本人通过培养工艺人才、提高物品的工艺水平来提升产品的竞争力的方法值得我们学习，而日本的办法就是设立工艺院和博览所，这一点值得借鉴。应利用水利、风力来提供动力，借助机器来提高生产力。在制度上，"各府县特设农商官，则其事是其专责，可各因地制宜，劝工兴事"（《变法平议·凡工部之事四》）。尤其是在内地欠发达地区，对于商人的保护更为迫切。

张謇认为发展工商业是"合"和"分"的对立统一。所谓合就是集中大家的财力和物力，合股来开设股份制的公司，以开采矿产和修筑道路，完善物资流通的渠道。而"分"则包括："专管官以司之，有议员以联之，有学堂以化之，有警察以通之，有章程以便之，而又为之酌量情形，定年限以次第之。"（《变法平议·凡工部之事四》）能分能合，就不用再惧怕外国的经济侵略了。

最后，张謇总结说："以上事散见于六部者，四十二篇。其施行之次第，则第一，设议政院，课吏馆；各府州县城设中学堂，先教测绘、师范，教警察；各省设局编小学堂、中学堂课本书，译各史及各学科书；户部及各省布政司、各府州县行豫计表。第二，分职，省官定俸；各府州实行测绘、警察、订税目，增法律章程，罢厘金，停捐纳，变科举，行决算法。第三，各府州县分设各乡小学堂；兴农商业；抽练营兵，减官府仪卫。"（《变法平议》）同时，对上述事项设立考核制度，检验是否落实。

张謇虽然描绘了他心目中的改革方案，但他意识到没有钱、没有人才，改革无从谈起。光绪二十七年（1901）他作《变法平议目补》，在跟人讨论时说："变法需财与人，财不胜用也，行预算、审税目而已，人不胜用也，设学堂，行课吏而已。毋袭人言，法当改，但无财无人。"（《啬翁自订年谱》）与康有为等缺乏实际政治经验的理想主义改革家相比，张謇的思考总是放慢一步，因而也必然涉及可行性的问题。也基于此，张謇开始了许多"在地化"的变革。比如他所看重的学堂和工业制造业，他就在南通开始实践，建立通州师范、尝试建立股份制的银行等。他的变法策略虽没有成为朝廷新政的纲领，但从张之洞等人就新政所上的《江楚汇奏》看，其核心内容已经有机地融入张之洞的改革策略中，成为清末变革的重要内容。

张謇是一个务实的政治家，可能他缺乏更为系统的理论论述，也没有介入晚清最为激烈的以经学立场来区分政治立场的"意识形态"争论中，但他的改革设计更多考虑到现实的可行性，甚至可以说，对于他的实践活动的考察，应是研究他的政治家色彩的最重要的途径。据此，笔者认为对于张謇的研究或应加强其实业和理论之间的关系，当可以加深对他在晚清政治史中历史地位的认识。

（干春松，北京大学哲学系教授，中国实学研究会副会长）

# 儒家经典的社会化教育

## 韩 星

儒家先有"六经",后来有"四书",再后来发展到"十三经",就是儒家经典。"六经"原本只是有关政教的历史和事迹,是先王的政典制度,但这些记录是珍贵的文献资料,使人只知其然,而不知其所以然。孔子之治"六经",就是使人们明白其所以然,于是就通过新的"诠释"发明先王之大义,表述一己之思想。

"六经"是原创性的经典,"四书"是在"六经"基础上的后发性经典。清人皮锡瑞在《经学历史》中有高度的赞扬:"读孔子所作之经,当知孔子作六经之旨。孔子有帝王之德,而无帝王之位,晚年知道不行,退而删定六经,以教万世,其微言大义,实可为万世之准则。后之为人君者,必遵孔子之教,乃足以治一国,所谓'循之则治,违之则乱'。后之为士大夫者,亦必遵孔子之教,乃足以治一身,所谓'君子修之吉,小人悖之凶'。此万世之公言,非一人之私论也。孔子之教何在?即在所作六经之内。故孔子为万世师表,六经即万世教科书。"

"六经"是万世教科书,上教帝王治国平天下,下教平民修身养性,为人处世。历史上,皇权以儒家经典作为统治的思想来源,社会以儒家经典作为秩序的价值准则。历代的官方版刻经籍、社会启蒙读本、民间乡约村规,在思想观念上都与儒家经典有密切的关系。由于社会发展的广泛需要,经过历代学者的不断诠释,儒家经典成为中国文化的代表性经典,经学成为学术的主流。

立足于儒家经典的"教统"大致包含相当于今天的教化、教育、宗教三方面的内容,其中教化主要是指社会化教育或社会教化。孔子不仅重视学校教育，也重视社会教化。孔子认为士人在承担了道的前提下还应该以天下苍生为念，推己及人，教化天下，使天下归仁。孔子提出"富而教之"的思想，《论语·子路》："子适卫，冉有仆。子曰：'庶矣哉！'冉有曰：'既庶矣，又何加焉？'曰：'富之。'曰：'既富矣，又何加焉？'曰：'教之。'"这里的"教"，就是社会教化，其内容就是价值理性的"仁义道德"，而其教的手段则是诗书礼乐。

《孟子·梁惠王上》载梁惠王向孟子请教治国之道，孟子描绘了一幅小农经济的理想图景："五亩之宅，树之以桑，五十者可以衣帛矣。鸡豚狗彘之畜，无失其时，七十者可以食肉矣。百亩之田，勿夺其时，数口之家，可以无饥矣。谨庠序之教，申之以孝悌之义，颁白者不负戴于道路矣。七十者衣帛食肉，黎民不饥不寒，然而不王者，未之有也。"孟子希望梁惠王不违背农时，让百姓可按时劳作，获得好收成，丰衣足食，生养死葬没有后顾之忧，那就可以算作行仁政了，就是王道政治的开端。这里孟子特别强调"谨庠序之教，申之以孝悌之义"的重要性。

儒家"教化"即通过宣讲、表彰、学校教育以及各种祭祀仪式等方式，将儒家价值观念灌注到人们的思想之中，培养遵守社会秩序的成员。《盐铁论·遵道》云，"上自黄帝，下及三王，莫不明德教，谨庠序，崇仁义，立教化。此百世不易之道也"，说明儒家教化的源远流长。《礼记·经解》中引孔子一段话："入其国，其教可知也。其为人也，温柔敦厚，《诗》教也；疏通知远，《书》教也；广博易良，《乐》教也；洁静精微，《易》教也；恭俭庄敬，《礼》教也；属辞比事，《春秋》教也。"可见，儒家的不同经典都具有不同的教育功能，可以发挥广泛的教化作用。而且教化的时间不同，要顺应天道自然之道。《礼记·王制》："乐正崇四术，立四教，顺先王诗书礼乐以造士，春秋教以礼乐，冬夏教以诗书。"

梁漱溟在《中国文化要义》第十章"治道与治世"中说："教化所以必要，则在启发理性，培植礼俗，而引生自力。这就是士人之事了。士人居四民之首，特见敬重于社会者，正因他'读书明理'主持风教，给众人作表率。有了他，社会秩序才是活的而生效。"儒家社会"教化"即通过宣讲、表彰以及各种祭祀仪式等方式，将儒家价值观念灌注到人们的思想之中，培养遵守社会秩序的成员。

社会教化是儒家的历史使命，《荀子·儒效》说："儒者在本朝则美政，在下位则美俗。""美政"就是要为社会制定各种礼仪规范、政法制度等，以安定社会秩序和富裕百姓生活；"美俗"就是要不断修身，提高道德品质，以身作则，化民成俗。这就道出了"儒者"的政治和社会文化功能。其实，美政即可美俗，美俗亦可带来美政。儒家作为敬重人生、关怀世事的"社会良心"，站在"政"与"俗"之间，发挥其"美政"与"美俗"的双重功能。

儒家的社会化教育空间很大，例如民间自治，有乡约，有乡练团练武装，有各种祭祀礼仪活动与宗族、家族、祠堂，商会和行会组织，有各种民间宗教、地方自治、绅士集团与士农工商等社会团体，有民间文化、教育、技艺活动等。通过宗族、学校、乡约、会馆等社会组织，"儒者"成为民间社会的领导阶层。

儒家的社会教化的具体展开有道德教化、礼乐教化、宗教教化。

1. 道德教化。孔子把道德教化扩大到全体成员，确立了以"德教"为先的原则。"德教"源于尧舜，《尚书·舜典》载帝舜从政之初，帝尧让舜"慎徽五典，五典克从"，"五典"指五常之教，即父义、母慈、兄友、弟恭、子孝可常行之教。尧让舜慎重地完善父义、母慈、兄友、弟恭、子孝五种美德，笃行五常之教，使人们都能遵从。舜即天子之位后，任用契主管教化，对他说："契，百姓不亲，五品不逊。汝作司徒，敬敷五教，在宽。""五品"指父母兄弟子，"五教"就是上面所说的五常之教。

现在老百姓不能互相亲爱和睦，父母兄弟子女之间都不能和顺。你担任司徒这个官职，就要对他们进行父义、母慈、兄友、弟恭、子孝的五常之教。在《论语》中有不少条目阐述了这一观点，如"弟子入则孝，出则悌，谨而信，泛爱众，而亲仁。行有余力，则以学文"（《论语·学而》）。就是说，年轻人要首先把孝敬父母、尊敬兄长、言行有信、博爱大众、亲近仁德等做好，再去学习文化知识。孔门四科中，也以德行为首。《孟子·离娄上》："沛然德教溢乎四海。"道德教化就可以浩浩荡荡地充满各个地方了。

2. 礼乐教化。儒家特别强调礼乐的社会教化意义。儒学与社会的密切关联，就集中表现于它对作为社会生活样式的"礼乐"的关切。《史记·礼书》中曾阐述礼的原则和目的说："缘人情而制礼，依人性而作仪。"《全唐文·卷九十七》有言："夫礼缘人情而立制，因时事而为范。"

礼乐之义，要在其"因人之情而为之节文"（《礼记·坊记》）。儒家认为，礼乐是因人情而设的，礼规范人的行为，克制人过分的情感欲望，唤起人的道德意识，即"发乎情，止乎礼"；乐直接作用于人的内心，调节人的情感，使人心平和，情感适度，即"入人也深，化人也速"。

只有礼与乐相互配合，才可取得最佳的教化效果。《礼记·乐记》说："乐者为同，礼者为异。同则相亲，异则相敬。乐胜则流，礼胜则离。合情饰貌者，礼乐之事也。礼义立，则贵贱等矣。乐文同，则上下和矣。"乐在于协调上下，礼在于区别贵贱。上下协调互相亲近，贵贱区别互相尊重。过于强调乐显得随便，过分强调礼则觉得疏远。要使人们内心感情融洽、外表互相尊重，就需要礼乐共同发挥作用。礼义立了，上下才有区别；乐协调了，上下的关系才能和睦。礼、乐只有共同作用，才会使个体身心及社会变得和谐有序。

3. 宗教教化。宗教教化就是指儒家礼乐祭祀传统所体现的社会教化功能。儒家最具有宗教意味的传统主要是指礼乐文化中的祭祀传统。"祭者，所以追养继孝也。"（《礼记·祭统》）"修宗庙，敬祀事，教民追孝也。"（《礼记·坊记》）丧葬与祭祀是给予已故的先人一些物质和精神的奉献，不是要死者像活人一样享受一切，而是作为一种礼，一种教化手段，使"民德归厚"，使人人具有仁爱之心。

从社会教化的历史来看，汉唐主要是一种官员士大夫自上而下的方式，到宋明以后由带有强烈官方色彩的政治性教化转向带有浓重民间色彩的社会性教化。始于北宋的乡约组织特别具有典型意义。乡约始于北宋，盛行于明代，流传至今。

乡约是国家政权组织以外的一种社会组织，是村民进行自我教育、自我管理的传统风俗，是一种地域性的道德规范，甚至带有法律的性质，它融政治管理与社会教育为一体。北宋吕大临兄弟在家乡蓝田制定乡约，规定同约人要"德业相劝""过失相规""礼俗相交""患难相恤"，以儒家移风易俗为终极理想，使"关中风俗为之一变"。后来，朱熹加以修订，并在乡村广为推行。王守仁在南赣做地方官时，曾仿《吕氏乡约》，结合当地社会实际制定了著名的《南赣乡约》。中国现代史上有梁漱溟先生也模仿《吕氏乡约》和《南赣乡约》的组织形式，推行乡村建设，并倡办"乡农学校"，对农民进行教育。

明代阳明后学，如泰州学派，其成员平民化，讲学风格平民化，讲学内容通俗化，可以说是一个代表着平民、市民的学派。他们的思想突破了传统精英儒学和政治儒学的藩篱，有着强烈的追求个性解放和发展自由经济的要求，代表着广大民众的利益，赢得了广大民众的参与，思想传播得很快很广。

如王艮曾经"驾一小蒲车，二仆自随"，"沿途聚讲"，这种讲学形式，已经离开了传统的书院，直接以社会为讲坛，以"山林隐逸""市井愚蒙"这些下层民众为宣讲对象。讲解儒家经典，不泥传注，多发明自得。黄宗羲在《明儒学案·泰州学案·韩贞传》中也描述了乐吾讲学的情形："秋成农隙，则聚徒讲学，一村既毕，又之一村，前歌后答，弦诵之声洋洋然也。"这确实是中国历史上一幅罕见的平民讲学图景，实质上是一种面向社会大众的宣教活动。

40年来，针对当今中国出现的各种社会问题，许多有识之士在社会上掀起了读经热、传统文化热，兴办私塾、兴建书院、举行会讲等社会化教育活动生机勃勃，一些大学和科研机构的儒家学者也走向民间，普及儒学，传播道德，教化社会，产生了重要的社会影响，例如现在乡村儒学方兴未艾。笔者曾提出中国社会发展的理想模式是实现城乡一体化，乡村儒学＋城镇社区儒学就应该互补、融合、共生、共荣，推进城乡相辅相成、协调发展，把乡村文明和城市文明融为一体，推动中国社会整体文明、进步、和谐发展。

（韩星，中国人民大学教授，曾子研究院特聘专家、尼山学者，中国实学研究会副会长）

# 中华文明的世界意义和价值

胡发贵

2022年5月27日，习近平总书记在中共中央政治局第三十九次集体学习时强调："在五千多年漫长文明发展史中，中国人民创造了璀璨夺目的中华文明，为人类文明进步事业作出了重大贡献。"当今世界有200多个国家和地区，2500多个民族，中华民族是其中的重要一员，中华历史文明是人类文明中的一个杰出代表，她不仅有着重要的全球影响，更有着深远的世界意义和价值。

首先，中华历史文明为世界文明贡献了一大绵延不绝的文明类型。2014年3月27日，习近平主席在联合国教科文组织总部演讲时曾指出："中华文明经历了五千多年的历史变迁，但始终一脉相承。"从历史的角度看，中华文明是人类文明史上唯一古今一贯、至今兴盛不衰的伟大文明。众所周知，人类在漫长的历史长河中，曾创造和发展了多姿多彩的文明形态，先后出现了古巴比伦、古埃及、古印度、古代中国和古希腊五大文明发源地和五大文明形态，但是，中国以外的其他四种古文明，在激荡的时代变迁中，相继湮失，或只成为遥远，甚至难以寻踪的历史遗迹，只有中华文明，一直生生不息，薪火相继，成为至今仍深深影响中国和世界的活的历史文明。

如汉语言文字，虽然古今字形书法有变迁，但字体字系却亘古相承，殷商甲骨文约4000个单字中，仍有1300个保存在现代汉语字典里。专家研究认为，现代汉语语法与甲骨文的语素、词汇、句法和语法系统，也是一脉相承的。所以三千多年后，我们仍能读懂古人，能明其心声，传其思想。此外，如岁时节令、生活风俗等，仍有许多千年沿袭的传统，如二十四节气的体认，春节、端午、中秋等隆重节日，当然，还有婚丧嫁娶等礼俗。

　　它们既是华夏文明的积淀，也在岁月的长河中，塑造了中国之为中国，中国人之为中国人，蕴含了鲜明而浓郁的中国气象和中国品位。这一源自远古、赓续相传、日益昌盛的伟大文明，既是华夏民族的独特成就和记忆，也是世界文明的宝贵文化财富，它生动印证了人类文明的悠久性和多元性，为世界文明展现了一条璀璨而连绵的文化星河，为研究人类早期文明发生、发展、演变，提供了独特、丰富而完整的样本。

　　其次，中华文明为人类进步事业贡献了许多重要发明与发现。作为一个历史悠久而古老的文明，中华民族仰观俯察，在天文历法、农学、水利、中医药、地理学、冶金等领域，创造了无数辉煌的成就，也形成了众多发明与发现。

　　据统计，16 世纪以前世界上最重要的 300 项发明和发现中，源自中国的有 173 项，远逾其时的欧洲。其间更有享誉全球的"四大发明"，英国哲学家培根更是盛赞其间的印刷术、火药、指南针，改变了整个世界事物的面貌和状态，并强调这三种发明在人类事业中产生的力量和影响，罕有其匹。同时，中华民族还向世界贡献了丝绸、瓷器、茶叶等富有智慧和创造性的物品，丰富、提升也便利了人们的日常生活。另外，在社会治理的制度安排上，中国很早就形成了以任贤使能为本质、以科举选拔为代表的文官制度，它既造就了独树一帜的先进华夏历史文明，也达致了历史长河中一再出现的"善治"的盛世，这引起了欧洲思想家们的深切关注和热情赞赏。如法国启蒙思想家伏尔泰就说"人类智慧不能想出比中国政治还要优良的政治组织"①。

　　再次，中华历史文明为人类进步事业贡献了重要的精神灯塔、思想资源和文化宝库。古代中国不仅产生了造纸术、火药、印刷术、指南针等深刻影响人类文明进程的伟大科技成果，而且也创造了诗经、楚辞、汉赋、唐诗、宋词、元曲、明清小说等无数伟大的文艺作品，它们今天依然是世界文化宝藏中的瑰宝，滋润了无数人的心灵。

　　除这些奇美无双的诗文外，古代中国还有诸子百家的学术繁盛，以及琳琅满目的经典著述，如《十三经》《道德经》《庄子》《墨子》等；当然这些不朽的著作背后，还有伟大的思想家，如老子、孔子、庄子、孟子、孙子、

---

① 转引自李凤鸣《伏尔泰》，东北师范大学出版社 2019 年版，第 253 页。

韩非子、朱子、王阳明、王夫之、黄家羲等。中华历史文明中灿若星辰的伟大思想家们，以其深刻而独特的著述，留下了诸多超越时空、闪耀着永恒魅力和精神指引意义的光辉理论与思想。

如"天人合一"观，冲破天命鬼神迷信，弘扬人的主体性与创造性，倡导人与自然、社会和生态的主动调适与和谐。又如"和为贵"的人类社会和平相处诉求，对内是"国泰民安"，对外则是"睦邻友邦"，追求"天下大同"的"天下太平"。再如"仁爱"思想，宣扬"亲亲、仁民、爱物"，尊崇人的价值至上性，敬畏人类的平等，爱护天地所有生灵。

中国古代先哲这些历史性的先知与先觉，仍然对当今人类社会寻找和平相处之道，谋求可持续发展，构建和发扬人道主义，具有精神指引、思想启沃和文化润泽的重要意义。在人类文明未来的进步中，中华文明中注定将照亮整个21世纪，促使人类世界向更高层次的价值理性方向发展。可以相信，中华文明的世界意义和价值，将在人类历史的发展中，不断开显，不断被充分证明。

（胡发贵，江苏省社会科学院哲学与文化所研究员，中国实学研究会副会长）

# 危机时代，再思实学

## ——第十六届东亚实学国际高峰论坛在韩国举行

牛冠恒

2022 年 12 月 15 日至 16 日，由韩国实学学会主办的第十六届东亚实学国际高峰论坛暨磻溪柳馨远诞辰 400 周年纪念在韩国首尔和全罗北道扶安郡举办。

本次会议的主题是"危机时代，再思实学"，来自中、韩、日三国数十名实学研究者，面对时代问题，围绕"东亚经世学和《磻溪随录》""危机时代，东亚知识人的作用"以及"东亚学术共同体的过去·现在·未来"等，通过线上线下方式与会研讨，一方面总结以往东亚各地区应对危机的历史经验，另一方面也从当前危机中重新思考实学的当代价值，探寻解决思路。

韩国实学学会会长尹在敏致开幕词，扶安郡守权翼铉致欢迎词，全罗北道知事金宽永、国会议员梁香子、前国会事务总长柳寅泰也分别致贺词。

尹在敏会长在开幕词中表示，朝鲜后期实学的鼻祖磻溪柳馨远先生，以实事求是的学术方法和经世致用的学术指向，在实学研究上留下了先驱性业绩，希望此次国际学术会议能成为反省东亚各地区应对时代危机的历史经验，将其与现在的危机进行对比，重新思考应对危机的实学解决方法。

权翼铉在欢迎词中说，全罗北道地区的磻溪学研究，在过去十年间对于以磻溪柳馨远为代表的湖南实学进行了广泛多样的学术研究活动，但一直以来，韩国实学研究是以近畿地区为中心进行的，期待通过此次学术活动，湖南磻溪学研究可以超越地区学，进一步提高其在全国和国际层面的价值和地位。

金宽永在贺词中说，磻溪先生在扶安著述了伟大的实学书籍《磻溪随录》，展现了使百姓生活富足的实用和改革之路，此后由茶山丁若镛集大成的韩国实学以及实学的历史，正是由磻溪先生拉开了序幕，因此，此次学术会议意义重大。

梁香子在贺词中回顾了他们家族与磻溪先生的深厚渊源，《磻溪随录》著成之后，一开始并没有得到世人的重视，是他的祖先德村梁得中将其公之于世，并向当时的国王英祖推荐读《磻溪随录》，建议将此书作为国王和臣子进行讨论的经筵书，以代替原来的经筵书《朱子语类》，为英祖所采纳，开启了朝鲜政治正式讨论"实学"的历史。

柳寅泰在贺词中认为磻溪先生是韩国实学的鼻祖，磻溪的思想和学问超越时间，作为朝鲜后期社会改革论的风向标，引起了巨大反响，星湖李瀷、茶山丁若镛加以延续，形成了朝鲜的实学思想。磻溪先生的精神延续了四百年，产生了宝贵的影响，给今天的我们带来了重大的教诲。

中国实学研究会选派了朱康有、魏义霞、赵建永、卢兴、何俊、邢丽菊和李伟波七位学者线上参会。

中国实学研究会副会长、天津大学社会主义现代化研究中心研究员朱康有指出，饱含人文价值属性的中国古代科技实学，继续孕育和发挥了有机自然观传统，塑造了"科技向善"的文化理念，启发我们未来更好地把握科技发展的前提和方向。挖掘东亚文明近世以来的共有实学智慧，尤其是总结学习、借鉴西方科技的经验和教训，摒弃"一切向西方追随"、亦步亦趋的路子，为人类更好地利用科技、发展科技作出贡献。

黑龙江大学魏义霞教授主要梳理了中国近代实学的形态与启示，指出如果说中国的实学具有经世致用的共同追求的话，那么，近代实学则将实学的这一共同追求发挥到了极致。尽管近代哲学家对实学有不同的侧重和理解，然而，实政、实用和实才，则构成了近代实学最显著的特征和最基本的内涵。近代实学不仅拥有鲜明的时代特征，而且留下了诸多有益的历史启示和借鉴。

天津社会科学院国学与跨文化研究中心主任赵建永研究员从晚明实学家袁了凡善政实践入手，来探讨他经世致用的善学思想、历史影响和现实意义，并以此透视晚明社会思潮的实学转型。他指出：袁了凡是经世善学集大成者，但其实学思想尚未在学术界获得应有重视。袁了凡的所作所为，处处闪耀着创新精神和系统思维的智慧，是中华文化的精华。我们应以辩证观念汲取精华，昭明其人性光辉，使之成为构建新实学和人类命运共同体可资借鉴的资源。

南开大学哲学院卢兴教授认为，乡约是东亚经世实学在基层治理中的重要实践形式，在中国宋明时期的作用尤为突出。乡约依据倡办者身份不同，分为官办乡约与民办乡约，前者更重官府强制性，并取得了较为显著的治理成效，后者更重百姓自主性，却往往导致约束力度不足。乡约注重道德教化，通过定期聚会表彰善行、纠正恶行，来提高约众的道德修养，聚会议事注重道德理性原则。乡约在治乡实践中，逐渐与保甲、社学、社仓等治理方式结合，统合处理赋税收缴、治安维护、百姓教育、灾困救济等事务。

复旦大学哲学院何俊教授的发言围绕陆九渊的"实学"思想展开。他认为，象山通过"姬周之衰"与"孟子之没"两个节点的标示，提出了唐虞三代的本心是不待相传的"千古不磨心"，以及依其本心面向事情而形成的实学。实学与本心密切相关，其基本内涵是人依其本心面向事情而形成的知识，切用于人而表征于从治水播种到制礼作乐的整个文明中。本心与实学，成为象山心学的基本概念，构成了象山进一步评判儒学史的基准与疏证心学谱系的依据，从而使其心学整合了孟子与颜回、承传孔子，完成对心学谱系的疏证。

复旦大学国际问题研究院邢丽菊教授以经学为中心，考察了朝鲜后期实学大儒丁茶山的心性论。她认为，茶山的经学诠释，脱离了以往朱子学形而上的层面，注重现实和实践，同时突出人的主体性。茶山的心性论从具体的现实和个体自律性来重新认识人的存在，认为心是人之主体，性是心之嗜好。人心虽有嗜好倾向，但现实中的善恶，取决于心的自主之权。在"四端"与"四德"的关系上，与性理学者的"德内端外"不同，茶山提出了"端内德外"，认为"四端"是先天内在的，而仁、义、礼、智"四德"，则是在实践基础上形成的后天性存在。

北京青年政治学院李伟波副研究员从危机与救世入手，探讨了颜元"四书"解释的经世取向及其书院教育的经世实践。她指出实学是东亚知识分子面对时代危机展开学术思考和应变的产物，体现了知识阶层的救世意识和责任担当。颜元的"四书"解释，将解释维度由朱子"心性义理"的超验层面，转向了"习行事物"的经验层面，意在还原儒家经典原义，呈现出力行实践的经世取向。他在漳南书院推行以六艺为中心的技能性、实用性、专门性学科教育，期许培养提振人心、除弊救世的豪杰人格，其教育实践具有鲜明的时代性和经世性。

本次大会还首次举办了中、韩、日三国实学会长圆桌论坛，圆桌论坛由全北大学的河宇凤教授主持，韩国实学学会尹在敏会长、中国实学研究会王杰会长、日本实学研究会片冈龙会长，围绕实学研究的未来展开了对话。

河宇凤教授在主持时，首先回顾了三国开展实学研究的历史。1991年韩国成均馆大学举办了主题为"东亚三国实学思想的展开"的第一届东亚实学国际学术研讨会。那场学术会议，在将17世纪到19世纪东亚三国展开的思想潮流理解为"实学"这一概念上，达成了大致共识。韩国主导提出了作为思想史概念乃至范畴的实学讨论，中国和日本也接受了这一实学概念。其结果，1992年韩、中、日三国相继成立了实学研究会。

此后，三国依次隔年召开东亚实学国际学术研讨会，如今迎来了第十六届。但由于三国政治形势、社会发展阶段等的不同，导致在实学的概念和研究的倾向性、对实学研究未来的期望等方面，存在相当大的差异。

另一面，过去30年也发生了巨变，进入21世纪后，继国际秩序变动和脱近代的大趋势之后，名为第四次产业革命的文明史上的转换正在来临。在迎接脱近代时代之际，也不乏有人对面向近代社会的"传统实学"的价值和效用提出了怀疑。在这种变动和危机的状况下，东亚知识分子应该如何应对？

在这一问题导向下，此次学术会议的主题定为了"危机时代，再思实学"。今天的圆桌论坛，我们将了解三个国家各自的情况，同时迎接新的转换期，展望未来的实学，即"新实学"。

尹在敏会长首先介绍了韩国实学研究的历史和现状。韩国实学研究者将实学分成"经世致用学派""利用厚生学派""实事求是学派"三个学派，他认为其中各个学派的名称，也是其代表理念的"经世致用""利用厚生""实事求是"，正是构成实学概念的核心精神指标，亦可以说是标榜科学性、学问性最基础的科学方法论。

尹在敏认为实学正是以"今代"观点提出的科学性、实践性学问研究方法、态度和结果。前近代时期的众多学者大都在尚古的立场上看待当代问题，在朝鲜后期被称为实学者的众多文人，几乎没有明确否定尚古的立场，即以"今代"的观点看待问题十分不易。但进入"今代"，情况发生了改变，韩国开化期之后大量出现更重视"今代"的价值的讨论，韩国实学正是从这一时期之后，开始在"今代"的观点中重新审视朝鲜后期的实学者。因此，应该说朝鲜后期的实学是在"今代"研究者（包括实践家）的关注下重构而成的。"时代"常新，因此实学也是新实学，"今代"的课题没有结束也无法结束，因为其课题内容一直在变化。正因为"今代"的关心和观点，不仅是个体，而且作为各种层位组织（家族、社会、国家、人类）的一员，也都与观察者所处的位置有关。

王杰会长发言认为，"实学"是一个多层次、动态化、开放性的范畴，不是一成不变的，不同历史时期，含义不尽相同，即使在同一历史时期，不同学派也有不同的理解。"实学"有广义、狭义之分，广义"实学"是以实事求是、经世致用、知行合一、躬行实践为核心精神与价值理念的、动态开放的学术思想。狭义"实学"主要是指明清时期的"实学"，表现为考据实学、质测实学、民生实学等。近代以来，中华民族在亡国灭种的威胁之下，如何兴"实业"、倡"实学"，成为清末救亡思潮的核心内容，学术界也开始提倡"新实学"。

实学思想从中国传到韩国、日本等东亚国家后，形成了东亚实学，成为东亚人民共有的精神财富。从目前来看，中、韩、日三国学术界对实学的概念和定义、内涵和外延、形成发展分期、历史地位和局限性、研究方法、现代价值与未来发展等问题，还有许多不同的意见和看法，存在着进一步深入研究和探讨的理论空间。

30 年来，中国学者在继续开展传统实学研究的同时，着力加强构建当代"新实学"。也就是说，实学研究不能仅仅局限于书斋里，还必须回答与解决时代提出的各种新问题、新挑战，新实学的构建，在继承传统实学思想的基础上，更应注重在当代社会实践中的应用。

中国实学研究会以建构新时代新实学体系、打造新时代新实学流派为发展战略，未来重点抓好以下三个方面。

一是坚守实学崇实求真的精神特质，注重理论阐发，建构新实学学科与学术体系。新实学体系还包括对新时代新问题的新探索，尤其要主动发现时代问题、应对时代危机，要把实学理论阐发，放在对现实社会乃至关乎一切人类生存及其命运问题的积极探索及解决过程中，实现继承、创新与发展，比如当下生态环境恶化，我们实学界该怎么办？

二是推重实学知行合一的价值理念，注重普及推广，建构新实学话语与传播体系。实学推重知行合一、躬行实践的价值理念，实学研究不能画地为牢、拘囿于学术象牙塔之中。因此，实学研究的未来，不仅要注重理论阐发，也要注重普及推广，加快构建具有理论阐释力、现实说服力、传播影响力的新实学话语体系与传播体系。实学话语体系是实学思想理论观点面向社会、面向各界、面向大众的通俗化语言表达系统，应当充分考虑社会大众的思维习惯和语言习惯，用易于为社会各界、社会大众所理解和接受的话语去解释实学、说明实学，做到让社会大众愿意听、听得懂、能接受。

三是秉持实学经世致用的根本宗旨，注重实践落地，建构新实学知识与应用体系。经世致用是实学的根本宗旨，实学研究的未来要秉持这一宗旨，立足东亚命运共同体、人类命运共同体，建构新实学知识与应用体系，推动实学思想、实学理念、实学精神在各地区、各行业、各领域的实践落地，更好地服务于社会经济文化建设。要把基础理论研究、应用对策研究与实践落地、转化探索结合起来，理论联系实际，解决"接地气"的问题，对准实践需求，注重把握研究成果的转化规律，多出应用性成果，建构新实学知识体系与应用体系。

王杰会长认为这次东亚实学国际高峰论坛设立三国会长圆桌论坛，共同探讨"实学研究的未来"，非常有必要。希望能把三国会长圆桌论坛形成长效机制坚持下去。为进一步加强三国学术交流机制，他还建议：一是成立一个三国学术交流秘书处，处理三国实学界的日常沟通和交流；二是在适当时候，建立一个东亚实学联合会，为三国实学发展注入活力。

片冈龙会长首先回顾了东亚实学研究的历史。1987 年，日本的源了圆老师在北京日本学研究中心发表了关于日本实学的演讲。中国的葛荣晋教授提出了三项建议：一是召开横跨日本、中国、韩国的实学研究会；二是在日本召开国际实学学会；三是中日两国共同出版实学相关研究论文集，分别翻译对方的论文，并同时在本国出版发行。1990 年在韩国举办了第一届东亚实学国际研讨会，1992 年在中国举办了第二届，1994 年在日本举办了第三届。

1991 年源了圆等编著的《日中实学史研究》出版，1992 年葛荣晋主编的《中日实学史研究》出版。

片冈龙认为，回顾历史，我们可以知道东亚实学研究的初志。一是研究中、日、韩三国实学的异同，不仅研究本国的实学，还要深入研究其他国家的实学，并在此基础上实现真正的讨论和对话，使实学发展成为具有重要社会影响的国际学问。二是第二届东亚实学国际研讨会的议题：实学的现代转向，要构建能够适应物质至上主义或生态环境问题等现实课题的"新实学论"。

片冈龙认为，30 年来，中、日、韩三国虽然本国内部的实学研究不断深化，但深入研究他国的实学，针对其异同进行讨论和对话，以实现国际化（多样化）的问题意识，在世界全球化取得一定进展的当下，反而有所下降。同时，三国国内的实学研究，也始终致力于随着信息化进展带来的史料实证主义（信息处理）的研究，在泛滥的信息中，分辨出真正的当前问题的直觉和构想未来学问、社会的想象力，还处于危机水平。

片冈龙最后强调，人类具有一个认知特性（正常性偏差），也就是即使发生一些异常情况，也会将其视为正常范围内的事情，并保持心平气和，因此很难意识到"危机"，特别是东亚的学术传统，更倾向于维持平静的心态，因此"危机"意识更加淡薄。故而要想构建新实学，东亚实学研究要有"危机"意识。

（牛冠恒，中国社会科学院当代中国研究所助理研究员，中国实学研究会理事、副秘书长）

# 2022 年中国实学大会暨中国实学研究会
# 成立 30 周年庆典会议综述

姜泽一方

2022 年 9 月 24 日上午，中国实学研究会成功举办了"2022 年中国实学大会暨中国实学研究会成立 30 周年庆典"，大会议程主要分为四个板块，分别是大会开幕式、主旨演讲、平行分论坛以及大会闭幕式。会议的主题是"新实学 新实践 新起点"。本次会议采取网络视频会议的形式，特邀嘉宾，中国实学研究会理事、会员、理事单位及各界代表共 300 余人次参加了线上会议。

## 一 开幕式

开幕式由中国实学研究会副会长、中储粮培训中心原主任杨建国主持，主要分为领导致辞、庆典仪式和新闻发布三个部分。首先，中国实学研究会会长、中共中央党校（国家行政学院）哲学部教授王杰致开幕致辞。他全面总结了中国实学研究会 30 年来的工作成就，科学规划了中国实学研究会未来的发展方向，致力于弘扬中华传统文化中的实事求是、经世致用、知行合一、躬行实践等实学思想，并坚持"新时代 新实学"的理念，为构建当代"新实学"奠定了良好基础。王杰会长还强调，这次大会和纪念 30 周年系列活动的目的是进一步动员、激励、鼓舞中国实学研究会的理事和会员，与社会各界一道投身复兴中华文化的伟大洪流之中，深挖中华优秀传统文化宝藏，研究和总结中国实学思想的历史传统，构建中国实学的新理论、新体系，开辟和探索中国实学的新境界，为中华优秀传统文化的创造性转化和创新性发展，为服务于新时代中国特色社会主义的伟大实践作出新贡献。

随后，第十三届全国政协常务委员、民族和宗教委员会主任、中国社会科学院原院长王伟光，第十三届全国政协委员、文史和学习委员会副主任、中央社会主义学院原党组书记、第一副院长叶小文，中共中央党校（国家行政学院）哲学教研部主任、教授冯鹏志，尼山世界儒学中心党委书记、副主任、中国孔子基金会副理事长、秘书长国承彦，中华炎黄文化研究会秘书长李英，国际儒学联合会秘书长贾德永，华夏文化促进会驻会主席、国际易学联合会荣誉会长廖彬宇，日本东亚实学研究会会长片冈龙，韩国实学学会会长尹在敏等代表所在单位为中国实学研究会成立30周年发来贺信。

接下来，会议播放了中国实学研究会成立30周年纪录片短视频，并举行了新闻发布，分别是：（1）中国实学研究会会刊《中国实学》创刊新闻发布；（2）中国实学网新版上线新闻发布；（3）《实学研究青年人才储备计划》出台新闻发布；（4）《博览群书》中国实学名著巡礼专栏开设新闻发布；（5）中国实学研究会与清华大学合作博士后项目新闻发布；（6）全国实干家高级进修班项目启动新闻发布；（7）"准能实学书院"揭牌、"实学林"揭幕新闻发布；（8）《中华非遗大观》系列丛书编撰新闻发布。

## 二　主旨演讲

主旨演讲环节由中国实学研究会副会长、中国人民大学国学院教授韩星主持，来自浙江省社会科学院、陕西师范大学、中山大学、北京大学和天津大学等科研院所和高校的五名专家学者分别发言。

浙江省社会科学院哲学所吴光研究员回忆了中国实学研究会成立30周年以来从筹办到创立再到队伍逐渐壮大的过程，并高度称赞葛荣晋先生对于中国实学研究会的独特贡献，正是葛老师怀着坚定的信念，力排众议，争得了"实学"的合法地位，并使学术界的"实学研究"队伍日益壮大，实学研究的学术成果也"硕果累累"，后来在张践教授、王杰教授等继任会长的领导下，"实学"的概念被越来越多的同仁接受，最后他还提出建议将"实事疾妄"一词列入实学研究的系列之中。

陕西师范大学刘学智教授重点谈论了葛荣晋先生与陕西的关学研究的学术渊源，指出葛荣晋教授在关学研究中一直坚持关学与实学结合的范式来深化关学的研究，提出了张载实学是明清实学重要渊源的观点。在葛老师看来，不仅张载关学是明清实学的重要渊源，而且建立在气学基础上的明清关学思想也对明清时期的理学家、心学家向实学思想的转化发生过重要的影响。

中山大学哲学系李宗桂教授首先梳理了葛荣晋教授的学术贡献，指出其是当代中国实学研究的开创者、引领者，是范畴哲学、实学研究、管理哲学研究的拓展者、创新者，是中国哲学与中国文化研究从书斋走向社会的倡导者、践行者，是中国哲学研究新生力量的培育者、扶持者。李宗桂教授还总结了实学研究的取向与学术目标，指出实学研究在未来要进一步黜虚向实、进一步守正创新、进一步面向当代中国社会的实际。

北京大学哲学系干春松教授也从实学研究的传统、实学的近现代转型等方面回顾了葛荣晋教授的实学研究历程，认为葛先生提出的实学要针对性地转向科技、工商业等领域，对于构建新时代实学发展有重要的启示。

天津大学社会主义现代化研究中心朱康有研究员则从实学内涵的定义、实学外延的限定、实学体系的勾勒、实学意蕴的拓展四个方面对中国实学研究会成立 30 年以来获得的成就进行梳理，认为在葛荣晋、张践、王杰几任会长的领导下，充分利用东亚经济社会发展提供的文化交流合作优势与我国社会主义文化繁荣发展的良好局面，在中国实学研究的奠基与拓展方面，走出了自己独特的道路，成为中国思想文化界百花园中一道亮丽的"风景线"，并强调中国实学研究会未来的工作目标应着眼于实学文化的普及、内外交流、培塑实学队伍、推动国际合作等方面。

# 三　平行分论坛研讨

## （一）葛荣晋教授从教 65 周年学术研讨会

2022 年 9 月 24 日下午，由中国实学研究会与中国人民大学哲学院联合主办的葛荣晋教授从教 65 周年学术研讨会通过线上会议的形式顺利召开，研讨会由中国实学研究会副会长、北京大学哲学系教授干春松主持，来自中国社会科学院、北京大学、中国人民大学、中山大学、华东师范大学、山东大学等高校和科研院所的十余名专家学者围绕中国实学研究会创会会长葛荣晋教授的学术思想、学术著作、学术贡献进行了研讨，大家一致认为葛荣晋教授创立中国实学研究会，努力构建东亚实学共同体，为中外实学交流提供了新平台，为中国哲学研究提供了新亮点。

### 1. 实学的内涵

实学是中华优秀传统文化中以"经世致用、实体达用、崇实黜虚、知行合一"为宗旨的一门学问，与会专家学者对实学的含义及其在中国发展的状况进行了激烈的讨论。中山大学哲学系黎红雷教授指出，实学是儒家的一个学派，主张为学必须明体达用、经邦济世。实学概念源自中国，流传于韩国和日本，在东亚地区现代化的过程中，实学扮演了一个重要的角色。华东师范大学哲学系陈卫平教授指出，葛荣晋教授倡导和推动实学研究，揭示了中国哲学存在着"实事求是"的传统。回顾中国哲学史的历史进程，实事求是思想凸显主要是在经世致用思潮高涨的先秦、南宋和明清之际，重视经世致用的哲学家都以事实作为"治天下""为民用"的出发点和落脚点。中国人民大学哲学院院长臧峰宇教授指出，"实学"是相对于"虚学"而言的，体现了中国古代思想家"求用"的目的性诉求。葛老师从中国哲学研究开启实学领域新探索，体现了一种实践之思，而体现这种实践之思的现实性追求的，正是他对管理哲学理论的探索。北京大学哲学系教授、中华孔子研究会副会长张学智指出，实学这个名称的出现，有一定的背景，中国实学研究会成立后的一段时间，主要讲明清实学，目的是批评宋明理学空谈心性的思想。葛荣晋老师也主讲经世致用之学，但他与葛老师对实学概念的理解有些不同，他认为实学是一个总体性的学问，儒家、佛家、道家都有他们心目中实学的概念，实学的"实"字，主要是价值概念而不是事实概念，意为实实在在的学问，而非虚浮的学问，儒、释、道三家都有自己评判实在之学与虚浮之学的标准。

关于实学的意涵，专家学者们也有不同的看法。山东大学特聘教授林安梧指出，明清之际有很多实学功底较为深厚的学者认为，实学与虚学是相依的，"实"这个字有多重含义，西方也有许多"实"的概念，例如经验之实、心性之实、文献之实、逻辑之实等，做学问也要强调"五证"的实：典籍的佐证、历史的考证、经验或科学的查证、心性的底证、逻辑的辩证都需要"实"。总的来讲，实可以载虚，虚可以含实，虚实相依为命，两者和合。

2. 葛荣晋对"新实学"体系的探索与构建

中国人民大学哲学院院长臧峰宇教授指出，作为中国实学研究会的创会会长，葛荣晋教授率先提出构建"新实学"，推动了中国、日本和韩国学者在实学领域的学术交流。在葛老师看来，中国古代实学思想包含的实事求是的崇实精神、追求真理的科学精神、以人为本的民本思想、兴利除弊的改革精神、放眼世界的开放精神，仍深深扎根于中国人民的文化心理结构中，是推动中国现代社会发展、建设人类精神文明的重要文化资源。

关于葛荣晋教授"新实学"体系构建的具体学术历程，中国社会科学杂志社副总编辑魏长宝指出，葛老师早在 2009 年 10 月韩国首尔召开的第十届东亚实学国际学术研讨会上发表的《时代呼唤东亚"新实学"》一文，就正式提出了构建东亚"新实学"的重要课题。在 2011 年第十一届东亚实学国际学术研讨会上，葛老师就构建中国新实学进一步作了论证，会议发言后以《构建中国"新实学"》为题，发表于《中共宁波市委党校学报》2011 年第 6 期。"新实学"有无世界意义，有无现代价值，就在于它能否从哲学高度回答与解决当代中国和世界提出的各种重要社会问题，而不以它是否符合某种西方哲学模式而裁定。因此，当代"新实学"应当是一种直面当代现实、解决时代问题的哲学。

在努力构建东亚实学共同体，为中外实学的交流互动打造一个新平台方面，葛荣晋教授也用心良多。中国社会科学院哲学研究所研究员李甦平指出，葛老师学术上的贡献还在于努力构建东亚实学共同体，出版了《韩国实学思想史》，还嘱咐大家组织日本实学著作翻译的工作，推动其在国内的出版，也请了许多韩国、日本的学者来中国，如日本东京大学的小川晴久教授、韩国实学学会会长李佑成先生等，致力于推动中、日、韩实学思想交流。

北京青年政治学院东方道德研究所副研究员李伟波指出"新实学"建构主要新在两三：一是要准确全面地把握时代精神，回答并解决时代提出的各种新问题；二是要按照新的研究范式和诠释方法构建"新实学"；三是提高文化自觉意识，走哲学综合创新之路。构建中国"新实学"具有很强的时代意义，为未来实学研究的发展方向指明了道路。

### 3. 葛荣晋的治学精神与哲学精神

与会专家学者都深情地讲述了葛荣晋教授的丰富多彩的学术人生及其开创的学术道路。原中共中央党史研究室副主任、中国人民大学副校长冯俊指出，要向葛荣晋教授学习两点。一是治学精神，作为学者一辈子不断刻苦钻研。二是学习其哲学精神，不把哲学变成书斋里的哲学、变成学者孤芳自赏的哲学，在新时代要用哲学分析解决中国问题，回答中国、人民、世界、时代之问，构建中国特色哲学社会科学的学科体系、学术体系、话语体系，葛老师对学科体系的建设，对实学学术的推进，对管理哲学话语体系、叙述方式的贡献，都是值得我们学习的。

本次分论坛的成功举办，对中国实学研究会创会会长葛荣晋教授的学术道路、学术贡献进行了梳理与探讨，为"新实学 新实践 新起点"的活动主题注入了更丰富的内涵，为新时代"新实学"的发展提供了新的理论方向。

## （二）新实学体系建构与未来发展学术研讨会

2022 年 9 月 24 日下午，新实学体系建构与未来发展研讨会通过线上会议的形式顺利召开，由天津大学社会主义现代化研究中心研究员朱康有主持，来自北京大学、中国人民大学、山东大学、江苏省社会科学院、天津社会科学院等十余名高校和科研院所的专家学者们从数字媒体、党性教育与干部培养、企业党建中的传统文化、中医养生等多方面对新时代新实学体系的建构与未来发展问题进行了全面的探讨，认为"新实学"是否具有世界意义和现代价值就在于其能否回答与解决当代中国和世界提出的社会问题。

### 1. 背景支撑

实学是中华优秀传统文化中以"经世致用、实体达用、崇实黜虚、知行合一"为宗旨的一门学问，实学在当代的研究离不开中华优秀传统文化的支撑。江苏省社会科学院哲学与文化研究所原所长、研究员胡发贵指出，中华历史文明是人类文明中的一个杰出代表，不仅有着重要的全球影响，更有着深远的世界意义和价值。首先，中华历史文明为世界文明贡献了一大绵绵不绝的文明类型，一直生生不息，薪火相继，成为至今仍深深影响中国和世界的活的历史文明。其次，中华历史文明为"人类进步事业"贡献了许多重要发明与发现。享誉全球的"四大发明"改变了整个世界事物的面貌和状态，中国很早就形成的以任贤使能为本质、以科举选拔为代表的文官制度，造就了独树一帜的先进的华夏历史文明。最后，中华历史文明为"人类进步事业"贡献了重要的精神灯塔、思想资源和文化宝库。

伴随着数字时代的高速发展，倡导"经世致用、知行合一"的实学在当代的研究同样离不开数字媒体的平台支撑。国家开放大学中国传统文化研究中心教授孙福万指出，在互联网时代，中华优秀传统文化的继承和发展有其特殊的表现形式。以数字化技术和互联网技术推动中华优秀传统文化转化和发展，既是时代的要求，也是传统文化"创造性转化"和"创新性发展"的内在需求。而数字化及互联网技术为传播传统文化提供了新机遇，其具体表现为，为传统文化的储存提供了新载体、为传统文化的交流提供了新途径、为传统文化的传播提供了新机制。其中运用微信公众号或短视频的方式等亦起到了很好的传播作用。

2. "经世致用、知行合一"的实学精神在当代的具体实践

与会的专家学者就新时代如何在社会转型期实现中国传统实学的现代转化，如何构建中国新实学的问题，从企业党建、大学生思政课、中医养生等方面作了充分的探讨。井冈山教授魏建民在关于企业党建须融入中华优秀传统文化的发言中指出，对于党建工作而言，优秀传统文化就是根，就是必备基础。企业只有扎根于中华优秀传统文化这片沃土，将其思想精髓融入党建工作之中，实现对中华优秀传统文化创造性转化和创新性发展，才能把党建工作做活、做实，才能把党的建设伟大工程建设好。同时，作为执政党又能够运用中华优秀传统文化推进国家治理和企业发展，以更多更完善更科学的中国智慧和中国方案，共建企业智慧。

北京工商大学教授姚洪越提到推动大学生思政课堂与中华优秀传统文化相结合，指出要高度重视思想政治理论课在弘扬和传承中华优秀传统文化中的地位和作用；要把思想政治理论课作为弘扬和传承中华优秀传统文化的重

要阵地；要把思想政治理论课教材作为传承和弘扬中华优秀传统文化的重要载体；要把大学生对中华优秀传统文化的困惑和误解作为结合的切入点和契合点；要把习近平新时代中国特色社会主义思想这一中华文化和中国精神的时代精华作为重点。

天津社会科学院国学与跨文化研究中心主任、研究员赵建永就中医药健康养生文化的普及来谈中医抗疫中的实学实效，指出对于疫病，中医治疗方案是"扶正祛邪，整体调节"，以改善人体的免疫力，通过各种汤剂或干预方法，扶阳固本，使"正气存内，邪不可干"，增强患者的排毒、免疫能力。中医在此次"战疫"中再创了辉煌，充分展现了中医标本兼治、整体调节的系统思维，中医蕴含的悠久博大的中国智慧赋予了我们文化自信和文化自觉。

山东大学马克思主义学院教授吴文新从"两个结合"的背景之下对中华优秀传统文化的实践问题进行了探讨，指出在普及型、传承性传统文化实践上，在提高型、研究性传统文化实践上，在社会化、制度化传统文化实践上，要以马克思主义为指导，立足当代中国和世界的实际，面向未来开展研究，知行合一地将中华文化的思想、精神、方法等运用到日常生活、工作和学习、研究的实践当中。

成都市龙泉驿区阳明心学研究学会会长义文辉以杨愧庵蜀学实践的例子为实学研究提供了一种新思路，即心学与实学的结合。指出杨愧庵的学问虽然归属陆王心学一脉，但他不仅没有明朝中后期心学学者流于玄虚甚至狂荡的弊病，反而一生倡导笃实学风，明显体现了崇实黜虚的实学思想。

3. 传统文化的教化意义

新实学体系在当代的建构离不开教育的作用。北京大学马克思主义学院副教授杨柳新谈到了党性教育与中华优秀传统文化的结合，指出当代中国政治文明创造性地继承和弘扬了民本和善政的政治传统。这在当代中国政治生活中，具体体现为中国共产党坚持"以人民为中心"的根本执政理念。也提到了古典儒家"博文约礼"的德性教育传统，可以为我们提供源头活水意义上的启示，认为当代中国建设中的"博文约礼"的德性教育，既是培养党的领导干部核心道德素养的基本途径，也是培育具有中国精神和中华德性政治文明特色的党内政治文化的基本方法。

中国人民大学国学院教授韩星指出，立足于儒家经典的"教统"大致包含教化、教育、宗教三方面的内容，其中教化主要是指社会化教育或社会教化。儒家的社会教化的具体展开有道德教化、礼乐教化、宗教教化。针对当今中国出现的各种社会问题，许多有识之士在社会上掀起读经热、传统文化热，兴办私塾、兴建书院、举行会讲等社会化教育活动生机勃勃，这些活动对于普及儒学、传播道德、教化社会都发挥着重要的社会影响。

中央美术学院教授、博士生导师，中央美术学院美术教育研究中心副主任马菁如谈到了构建新时代社会美育体系，指出"美育"这个词，在中国最早出现于东汉末年徐干所著《中论》的第七篇《艺纪》。孔子一生以"仁"为核心，主张通过艺术教育潜移默化的作用，把审美与道德有机地统一起来，提倡用审美教育来陶冶情操、塑造理想人格。从现实意义上看，社会美育是国家塑造文化形象和培养全面人才的必然要求，是塑造现代社会公民不可或缺的关键要素之一，有助于提升人的创造、创新能力。

4. 总结

最后中国实学研究会荣誉会长、中国人民大学继续教育学院教授张践深情回顾了创会会长葛荣晋先生带领下的学会建设历程，并提出了六点经验总结：（1）中国实学研究会树立了正确的指导思想，用实学精神办实学事业；（2）中国实学研究会有一个团结高效的领导班子；（3）中国实学研究会发挥了勤俭办实业的良好传统，秉承奉献的精神办实事，成为国内学术团体中相对活跃的一支力量；（4）中国实学研究会发扬合作互助的精神；（5）中国实学研究会能够多方发动、发挥社会各种力量进行学术研究；（6）中国实学研究会善于发现人才、任用人才。发言结尾也指出实学的未来建设必将前途无量。

# 四　闭幕式

大会闭幕式由涂可国教授主持。首先胡发贵研究员、干春松教授分别对两个平行分论坛的情况进行了总结；其次由中国实学研究会会长、中共中央党校（国家行政学院）哲学部教授王杰进行了闭幕致辞。王杰教授指出这次大会既简朴又热烈、既务实又隆重、既庄重典雅又别开生面，真正体现了求真务实的实学精神，凝聚了专家学者的智慧。与会专家学者的发言学养深厚、视野开阔、风格各具特色，让所有人享受了一场学术的盛宴。中国实学研究会日后的发展必将着眼于新实学、新实践、新起点，继续将马克思主义基本原理同中国具体实际相结合，同中华优秀传统文化相结合，继续发扬实学精神与实学学风，进一步加大实学文化传播的力度，以这次大会为起点，让社会上更多人了解实学、热爱实学、传播实学。

本次大会的召开为新时代实学的未来发展营造了积极实干、求真务实的良好风尚，也体现了中国实学研究会不忘创会初心，继往开来，努力开辟实学发展新的征程的决心。

［姜泽一方，中共中央党校（国家行政学院）中国哲学专业 2022 级博士研究生］

# 用实干书写高质量发展的"时代答卷"

## ——准能集团践行"社会主义是干出来的"<br>伟大号召纪实

3月的准格尔，小草露尖、树枝抽出新芽，到处焕发着生机。准能集团黑岱沟露天煤矿采区机器轰鸣、热潮涌动，运输队上煤班的司机们驾驶着一辆辆满载原煤的矿用卡车，在煤沟和破碎站之间不停穿梭。一季度，准能集团完成商品煤1559万吨，发电9.26亿度，超计划完成生产任务，有力地保障了能源安全稳定供应。

2016年7月19日，习近平总书记在国家能源集团宁夏煤业煤制油示范项目现场发出"社会主义是干出来的"伟大号召。这一号召犹如一座精神丰碑，指引着准能人万众一心、砥砺前行。一个"干"字，贯穿历史时空，让几代准能人从思想上的共鸣变成坚定的理想信念，让脚下的大地为之震动，更让准能人把自己的命运与国家使命紧紧地连在一起。

准能集团坐落在内蒙古鄂尔多斯市准格尔旗，作为走西口的第一站，曾经的准格尔，沟壑纵横的土地上满目荒凉。20世纪80年代国家大型煤炭生产基地——准格尔煤田建设启动，犹如一道春雷，唤醒了准格尔大地的生机。从五湖四海涌来的准能人，满怀热情投身准格尔煤田建设，在这贫瘠的土地上，用实干书写了奋斗华章。如今，昔日的荒原，不见孤烟垂空，春风不度的落寞已经尘封，百里煤海，涌出滚滚乌金，绿色矿区，焕发勃勃生机。

# 一 以实干求实效　开创绿色转型发展新局面

10 月的准格尔，金色的阳光铺满大地，化作丰收的颜色，准能矿山生态旅游区的紫东农区喜看麦田千重浪，望舒果区丰硕果实压枝头，叠翠林区色彩缤纷层林染，处处是收获。在距离生态旅游区不远处的黑岱沟露天煤矿采区，机器轰鸣、热潮涌动，运输队上煤班的司机们驾驶着一辆辆满载原煤的矿用卡车，在采煤区和破碎站之间不停穿梭。三季度，准能集团完成商品煤 4694 万吨，发电 31.27 亿度，超计划完成生产任务，有力地保障了能源安全稳定供应。

习近平总书记强调"能源饭碗必须端在自己手中"。作为国家能源集团煤炭生产主力军，准能集团坚持做精做专煤炭主业，巩固增强一体化运营优势，统筹抓好生产组织优化、安全生产风险管控等工作，积极承担煤炭能源增产保供责任。截至目前，累计向社会贡献绿色煤炭 9.01 亿吨，发电 701.81 亿度，上缴税费 613.89 亿元，切实担负起能源供应"稳定器""压舱石"的职责和使命。

围绕破解黄土高原半干旱荒漠地区大型煤炭基地开发与保护协同推进的重大技术难题，准能集团 30 年来初心如磐，始终坚持生态优先的政治导向和价值追求，按照"产业生态化、生态产业化"的发展方向和"一基、三山、五重、多园"的发展思路，大力发展绿色生态经济。截至目前，累计投入 22.8 亿元，完成土地复垦绿化 9.4 万亩，以"生态 +"方式贯通工业、新能源、农牧业，已建成集生态牧场、优质肉牛养殖园、林果生产采摘园、党员教育实践园、婚庆文化园等于一体的综合园区，走出了一条"两山"转换多元增值的道路。2022 年"矿区生态修复案例"作为中国企业成功实践代表，入选世界经济论坛报告。

准格尔煤田煤炭资源具有"高铝、富镓"的资源禀赋，同时具有"两高两低一稳定"的品质特点，准能集团坚持"煤炭绿色能源 + 绿色战略资源"的精准定位，充分发挥科技创新引领作用，深入推进煤炭清洁高效开发利用，以准格尔煤炭为原料，开展煤基纳米碳氢燃料制备及应用技术研究，形成了"煤基纳米碳氢燃料工业化制备技术""煤基纳米碳氢燃料火力发电技术"两个技术体系，开展了"煤基纳米碳氢硝铵炸药研制与工程应用"项目研究，经行业专家鉴定，均达到国际领先水平。煤基纳米碳氢燃料制备和应用研究，不仅拓展了煤炭清洁开发利用空间，也为煤电行业落实"双碳"目标提供了重要的技术支撑。

"不驰于空想，不骛于虚声"，一组组数据、一项项成果，呈现出准能"社会主义是干出来的"壮丽图景，展现了准能人实干筑梦、匠心铸魂的奋斗风采。

## 二　以实干促民生　绘就美好生活新画卷

"现在我们位于党员教育实践基地的实干广场，面前的'社会主义是干出来的'主题雕塑，是利用电铲废旧零部件制作而成的，雕塑底座四周刻着习近平总书记关于实干精神的 100 句讲话摘录，寓意弘扬实干精神、实干走向复兴"，准能集团矿山公园管理中心讲解员李婧向前来参观的游客介绍。

2022 年 5 月 26 日，准能集团党员教育实践基地建成投用，为准能党员乃至周边地区党员开展党内政治生活提供了新阵地，一经投用便吸引了社会各方关注。截至目前已累计接待游客 12 万余人次。

党员教育实践基地的建成是准能集团尊重和满足职工对美好生活需要的一个缩影。准能集团坚持以人民为中心的发展思想，始终牵挂"民之所忧"，力行"民之所盼"，一件接着一件办，一年接着一年干，持续巩固深化"我为群众办实事"的实践活动成果，全力推进幸福员工工程建设，不断提升职工的获得感、幸福感、安全感。

2021 年，按照"我为群众办实事"实践活动安排部署，准能集团累计投入资金 7.81 亿元，为职工群众办实事 543 项，惠及 14.9 万人次。建成了 S103 省道人行天桥，解决了职工上下班穿越交通干道的人身安全问题；完成了 2 号公路照明工程，让职工夜间通勤更加安全；新建了气膜馆和职工运动场，让职工能在家门口快乐健身；改善了职工生产生活环境，为一线职工增配净水机、热水器等生活设施，改造职工活动室、更衣室，职工群众的满意度达到 99.42%。2022 年至今，职工文体活动中心、清大公路立交桥等一项项惠民工程从规划付诸实践、从纸上落到地上……职工对美好生活的向往不断变为现实，职工充分享受到了企业发展的成果。

在企业发展壮大的同时，准能集团积极承担社会责任，与社会共享共建共赢。坚决扛起精准扶贫、乡村振兴的政治责任，累计投入300万元帮扶内蒙古兴安盟突泉县永安村打造木耳种植产业，助其成功脱贫摘帽；投入978.4万元对口帮扶准格尔旗13个嘎查村实施19个产业帮扶项目；投入1318万元支持地方建设物流配送中心、小杂粮科技中心、丰东扶贫产业园区等项目；投入4000万元开展对西藏自治区聂荣县的帮扶工作；通过以购代捐、参与"公益中国"和慧采商城等渠道，累计消费帮扶1亿余元，助力乡村振兴全面推进。

此外，立足矿区生态经济产业优势，准能集团创新企地共建模式，与准格尔旗政府联合成立了矿区生态公司，打造乡村振兴产业园，培育了"政府+准能集团+矿区生态公司+党支部+合作社+农户"产业联合体、"准能集团+国家矿山公园+准旗文旅集团"文旅联合体，通过产业、就业、消费等帮扶形式，带动当地农户1000多人走上致富路，实现企业发展与农户增收、与地方经济发展的协同并进。

## 三　以实干启新程　谱写高质量发展新篇章

党的二十大报告指出，要加强煤炭清洁高效利用、加快发展方式绿色转型、确保能源资源安全、加快建设世界一流企业。准能集团深入学习贯彻落实党的二十大精神，按照国家能源集团总体部署，结合公司自身实际，进一步确立了"十四五"期间和面向2035年的战略目标——再造新时代绿色转型高质量发展新准能，加快建设世界一流煤炭清洁开发利用能源企业。

按照战略规划，准能集团"十四五"期间，生产商品煤2.7亿吨，发电150亿千瓦时，氧化铝项目开工建设，矿山文旅产业迈上新台阶；到2025年，公司国有企业特色优势更加鲜明，煤炭产业主体基石保障更加坚定，"两翼一网"建设取得重要阶段性成果，初步建成世界一流煤炭清洁开发利用能源企业；到2030年，"1217"发展规划全面落地，全面建成世界一流煤炭清洁开发利用能源企业。

"大道至简，实干为要。"行动是最有力的宣言，落实是最有效的担当。准能集团坚定扛牢扛稳能源保供政治责任，深化拓展一体化运营格局，强化各产业、各环节协同联动，全力以赴组织生产，加快推进增产扩能，坚决完成能源保供任务。

在"双碳"目标下，加强煤炭清洁高效利用是兼顾低碳发展和能源安全的必然选择。准能集团坚定不移地推进煤炭清洁高效利用，大力发展循环经济，以煤基纳米碳氢燃料为核心，开展发电、代油多领域应用研究，依托脱碳、除硅、提铝三大技术核心，构建"煤基纳米碳氢燃料发电—光伏发电—煤炭伴生资源综合利用"产业体系，推进"煤—电—粉煤灰—绿色电解铝—高端铝产品、金属镓、锂—白泥综合利用产品"的产业链建设，进一步优化循环经济产业发展路径，实现煤炭产品的多样性和价值最大化，推动煤炭由"乌金"到"国家战略资源"的价值跃迁。

在"协同推进降碳、减污、扩绿、增长"的绿色发展指引下，准能集团坚定不移走好绿色转型创新发展之路，统筹优化绿色经济产业，做好绿色生态经济产业文章，深化"两山"实践创新基地、国家工业旅游示范基地和 A 级旅游景区创建工作，全力建设覆盖矿区总量 18 万亩的绿色生态经济产业示范园，打造集畜牧养殖、林果生产采摘、光伏新能源、生态碳汇、红色教育、工业科普为一体的综合园区，高标准创建黄河流域生态保护与资源开发的典型示范，让良好生态成为企业高质量发展的厚重底色和浓重成色。

唯实干才能成就梦想，唯奋斗才能赢得未来。一切机遇，只有在实干中才能被抓住；一切难题，只有在实干中才能被破解；一切愿景，只有在实干中才能被实现。"社会主义是干出来的"是奋进的号角，更是行动的召唤。准能集团将从"社会主义是干出来的"伟大号召中汲取信仰之力，自信从容地赶赴时代大考，用汗水浇灌收获，以实干笃定前行，以再造新时代绿色转型高质量新准能的新成效，在推进能源行业中国式现代化征程中书写精彩的"准能答卷"。

（国能准能集团有限责任公司供稿）

# 《中国实学》征稿函

中国实学研究会成立于 1992 年 10 月，是由中华人民共和国教育部主管，在中华人民共和国民政部注册的国家一级学术社会团体。根据国家相关法律和《中国实学研究会章程》的有关规定，中国实学研究会正式创办会刊《中国实学》（以书代刊）。未来五年，每年出版 1 至 2 辑，努力将《中国实学》（辑刊）打造成在学界有一定影响力的学术刊物。

《中国实学》（第一辑）已于 2022 年 6 月由中国社会科学出版社编辑出版，现特向您征稿。本征稿函长期有效，欢迎您随时赐稿。来稿方式仅限于 word 文档，以发附件形式电子投稿至 niuguanheng@163.com。

一　选题范围

《中国实学》拟开设但不局限于以下栏目：1. 本刊特稿；2. 名家专访；3. 传统实学；4. 实学人物；5. 当代新实学；6. 海外实学；7. 传统文化；8. 青年论坛；9. 会议综述；10. 新书评介；11. 学术札记；12. 其他与实学相关的研究。

二　用稿要求

1. 来稿要求原创性、学术性、思想性、创新性。

2. 来稿要求去除直接引用文献重复率要低于 15%，文责自负。

3. 篇幅一般不少于 6000 字，每篇须有摘要和关键词。

4. 根据国家新闻出版总署有关要求，请您同时提供以下相关信息：

（1）作者简介：姓名，出生年，籍贯，学位，职称；

（2）工作单位（含二级单位）及详细通信地址、邮政编码、电话、电子邮箱。

## 三　文章格式

请参照《中国社会科学出版社学术著作体例规范》。

文稿一经发表，酌付稿酬，稿酬按国家统一标准执行。编辑部在收稿后 3 个月内不与作者联系，作者可自行处理。